老老介護の幸せ

母と娘の最後の旅路

松島トモ子
Matsushima Tomoko

飛鳥新社

松島トモ子さんと母の志奈枝さん（2018 年 12 月撮影、提供：読売新聞社）

老老介護の幸せ

母と娘の最後の旅路

◉目次

第一章　介護の日々

第二章　満州からの逃避行

第三章　私のケアノート

第四章　「名子役」トモ子ちゃん

第五章　父の墓参でシベリアへ

第六章　母との一番楽しかった旅

美しい思い出　206

第七章　もう一度介護の日々、そして現在

第一章

介護の日々

異変、認めたくなかった認知症

しみがひとしずく、ポツンと豪華な椅子にひろがっている。見る間に、にじんで大きくなった。

「これは何?」

母が失禁したのだ。私の心は凍りついた。

平成二十八(二〇一六)年五月のこと。母・松島志奈枝の九十五歳の誕生日祝いの食事会を催した。母の大好きな十数人の方々に囲まれて、大好物の中華料理を楽しむ会になるはずだった。

母と私は、事前にレストランのオーナーと一緒に何度もメニューをチェックした。フカヒレの姿煮、アワビ、カニ……。奮発したのは、年齢からいってこれが皆さまとの最後の晩餐になるかもしれない、と思ったからだ。でもその予感が本当に的中するなんて。

この日のために母は紺と白のアルマーニを準備していた。スーツをきちんと着て、いつもの通り美しかった。わが母ながら、なかなかのレディじゃのー。私は食事会の始まりに、なんの不安も持っていなかった。
母は人の話を聞くのが大好きで、好奇心が旺盛だ。それなのに今夜はどうしたのかしら。誰の話にも耳を貸さず、黙々と料理を口に運んでいる。一心不乱に、餓鬼のようにかきこんでいる。私は母から目が離せない。何かがおかしい。心配になってたしなめようと、母のスカートに手を触れると、失禁していた。
どうしよう、皆さまの前でどう繕えばいいのか。母を思いやるより先に、ここから逃げ出したい、と思った。このまま消えてしまいたかった。

それから私が想像もしていなかった、壮絶な介護の日々が始まった。

思い返してみれば、初めて母に認知症の症状が現れたのはその少し前の、春先だった。転んで手首を骨折したのだが、巻いたギプスをはさみで切って外してしまう。その度に病院で再装着してもらうことを繰り返し、一日に二回も病院に付き添ったこともあった。たまりかねて家中のはさみを隠すと、母は台所に行って包丁でギプスを切ろうとし、慌てて止めたこともあった。

本当はここで母の異変に気づくべきだったのかもしれない。私はコンサートのリハーサル中で忙しい。それを何より優先していた母が邪魔をするなんて。でも母はお洒落《しやれ》さんなので、ギプスをつけた自分の姿が嫌なのだろうと勝手に解釈してしまい……。いや、そうじゃない。私自身が母の異変を認めたくなかったのだ。

それにもうひとつ言い訳がある。母は私と一緒にテレビのトーク番組「徹子の部屋」に出演したのだが、それが骨折の後だったのだ。ヒールを履き、お気に入りのセント・ジョンを着て、もちろんギプスも外し、颯爽《さっそう》とスタジオに登場した母は、明るくおしゃべりをしていた。

お母さまお元気ですね、と話しかけた司会の黒柳徹子さんに母は、

「私が死ぬのは、トモ子ちゃんの立派なお葬式を出してからにしますの」

といって笑った。その後も楽しいエピソードを次々に披露する。

九十歳を過ぎても母はまめに美容室に行っていたし、お洒落への情熱も衰えなかった。

ある日、私の部屋をノックしたかと思うと、なぜか命令口調で、

「つけまつ毛を貸してちょうだい」

何をいってるのかと思ったら、美容室で、

「トモ子ちゃんにつけまつ毛をお借りなさい。眼がぱっちりしますから」

といわれたのだそうだ。

この話が受けるとますます調子に乗って、

「今でも地震があると、トモ子ちゃんをおぶって逃げなくちゃ、と思いますの」

で、スタジオ大爆笑。この時母は九十五歳、私は七十一歳だったというのに。

私も仕返しに、

「この間、母は私の顔をじーっと見て、『トモ子ちゃん、あなたはなぜそんなに老けちゃったの？』といったんですよ」

と告げ口したら、徹子さん、カメラの前も忘れて大笑い。

「まあお母さま、そんなことおっしゃったの？」

長いお付き合いだけど、徹子さんがあんなにお笑いになったのは初めて見た。

この日、母は締めの言葉も完璧だった。

「トモ子は特別な運命を背負って生まれてきた子どもです。かわいそうに思います」

収録後、徹子さんはこうおっしゃった。

「トモ子ちゃんよりお母さまのお話の方が百倍おもしろいから、今度はお母さまひとりでいらして」

母はどんなに嬉しかっただろう。徹子さん、ありがとう……。今さらのように手を合わせたい。

荒れ狂う母の姿

でもここから母の様子は急速に変化する。つるべ落としというのだろうか。敬愛していた母が、見る影もなく変わっていく……。それはまさに崩壊だった。

七十年以上、生活を共にしてきた母はそれまで、どんな時でもレディだった。みにくい姿など見たこともない。他人の悪口など聞いたこともない。その母が罵詈雑言《ばりぞうごん》を吐きながら、椅子や家具を倒して暴れまわる。物を投げつけながら口汚く私を罵《ののし》り、つかみかかってくる。私はアザだらけになる。母は私に対してこんなにも悪意を持っていたのかしら。こんなにも、私は母を我慢させていたのかしら。あんなにきれいな声をしていた母が、ものすごい声で怒鳴るのだ。

「私をこんなにいじめて！」

「年寄りの私を一日中ひとりにして、何も食べさせない！」

「こんなに虐待して、アンタは楽しいのか！」

荒れ狂うエクソシストのような声の母を見、ただ呆然《ぼうぜん》として立ちすくんでいた。

驚いた私は、かつて民生委員をしていた知人に助けを求め、彼女に案内してもらい、目黒区役所に行った。恥ずかしながら、区役所へ来たのも初めて。地域包括センターの看板を探し、介護認定を受けることになった。「包括」の字も読めず、意味もわからない無知さ加減。彼女の指示に従ってウロウロしていたら、これが奇蹟というのでしょうか。後々の絶大なる支援者、宇佐美悦子さん、ご登場。

この方がベテラン・ケアマネージャー。介護の要《かなめ》は、ケアマネージャーなのだそうだ。ご主人の介護のため休職したが、あまりの有能さにさんざん請われて復職した時に、ちょうど出会ったのだ。元民生委員が、「わぁーあなたに逢えてよかった。トモ子さんをお願いします」。難しいいきさつはわからないが、宇佐美さんが担当になってくれた。

この方に出逢えていなければ、私たち母娘は今、生きていなかったかもしれない。

まずは介護認定をしましょう、ということで調査員が家にやって来た。そのとたん母はシャキーンとなって、こういうのだ。

「お買い物も自分でします。お料理もモチロン、家事も全部、ひとりでできます」

「ウソばっかり！」

私は心の中で叫んだが、口には出せない。家の中では母が一番偉く、「親に口答えするなんて！」という言葉が、今でもわが家では通用しているのだから。

私は母の後ろに座っているのだから、首を振ったりバッテンは出せるのだが、初めての方にはね。

二階で面談していたので一階で調査員と話そうと思ったが、母はお客さまだと思っているのでお見送りし、庭で話そうと狙っていた私の最後のチャンスも逸し、母はお玄関で丁寧なご挨拶。私はとうとう本当のことをしゃべれないまま、結局、認定は「要介護1」。これでは受けられるサービスは知れている。

母の狂躁《きょうそう》は続いた。

ストレスで倒れてしまう

目の前で母が変わっていく様は耐え難く、私はやがてストレスで倒れてしまった。

六月六日、車の中で呼吸ができなくなってしまい、とりあえず、近くの病院へ。処置室に入れられる。ふだん血圧が九十の私が百四十に。息が苦しくて、苦しくて。看護師さんからビニールの袋を渡される。吸って、吐いて。吸って、吐いて。私があまり出来ないので看護師さんに怒鳴られるが、これが難しい。私は思春期の高校生か！

道を歩いていても眼は救急車を探している。助けて。ネコが足元を通り過ぎても、ギャーッと大声で喚《わめ》き、ヒステリー状態になる。ライオンとヒョウに勝った私がなんてことだ。

息が苦しい。歩いていると何が飛び出してくるかもわからない。ひとりで歩けなくなる。大病院を二軒まわり、くわしく検査してもらう。何も食べられないので体重も四十キロから七キロ減って、たったの三十三キロだ。診断は介護による過度のストレス障害、それにともなう、過呼吸、パニック障害。私の方が母より先に倒れてしまうなんて。だんだん私は声を出すこともできなくなり、立っているのもつらくなる。

そうなると、とても仕事なんか無理だ。話すこと、歌うこと、お芝居をすること……何もできない。どんなに悔しかったことか。

四歳から仕事を始めて、一度引き受けたものは必ずやり遂げてきた。それが私のプライドだったのだ。でも介護が始まってからは、どんなに大切な仕事でもキャンセルせざるを得なかったし、依頼があってもお断りするしかなかった。こんなこと、生まれて初めてだ。いつもならクリスマスショーのリハーサルが始まり、下の稽古場ではピアノの音が聴こえるはずなのに。

不満を溜め込み、大きなマスクをして仏頂面《ぶっちょうづら》でいる私に向かって、母は鈴を振るような声で、

「何をふくれているの？」

という。ふっと正常に戻ることもあるのだ。それがなんともいえず切ない。

母の部屋は独立していて、ベッド、お風呂、トイレ付き。ちょっと母のお友達を招くスペースもある。だから私がそこに寝ればよいのだが、私が見えないと騒ぎ出すくせに、見

れば凶暴になって襲いかかってくる。一番近くにいる人を憎む傾向にあるようだ。

こんな私を心身両面から支えてくれたのが、担当のケアマネージャーだった。彼女は当初から「この親子は離さなければならない」と感じていたそうだ。私の姿が見えないと暴れ出す母。だから近くにいることはお互いのためにならない、という。互いに互いから離れられない、それはつまり、共依存だ。

ケアマネージャーには、母を施設へ入所させることを勧められた。

私の周りの友人たちも、施設に入れることを強く勧めた。恥ずかしいことだが、私は家事が何ひとつできない。「自宅介護なんかしたら、共倒れよ。相手はプロなんだから、まかせなさい。お母さまもその方がおしあわせよ」。しかし私は自宅介護に強くこだわった。母は命がけで満州から私を抱えて引き揚げてくれた。母を施設に入れ、私が仕事をし、楽になっていいものだろうか？　今度は私が恩返しをしなければ。なぜか使命感に燃えていた。

母もまた、自宅にいたいと強く望んでいた。施設という言葉を聞くと、

「私は施設に入れられるような悪いことをしていません」

と怒鳴るのだ。

けれども私はますます追いつめられていった。


「トモ子に殺される！」


狂乱状態が現れるのは、突然だ。

ある日、母は突然包丁を持ち出して迫った。

「トモ子ちゃん、一緒に死にましょう」

本当に殺される！　私は二階から一階へ駆け降りたが、母は本気で追いかけてくる。逃げながら頭の中に、明日の新聞の見出しがチラチラよぎる。

〈ライオンとヒョウに襲われても生き延びたあの松島トモ子、今度は実の母に襲われる〉

コメンテーターが「だから私は施設を勧めたのに」なんて……。

話は脱線するが、母と包丁といえば、こんなことを思い出す。

私は一度、駆け落ちしようとして家を飛び出したことがある。その時も母は包丁を持って追いかけてきたのだ。母は包丁が好きなのかしらん。もちろん、当時の母は正気だ。

私は振り返り、包丁をもぎとった。絶対に母に承知させようと必死だった。そして私も若く、勝ち目があったのだけれども……。母を殺すなどと考えてもいなかったので、包丁を収めてしまった。その程度の駆け落ちだったのでしょう。その時私は二十五歳。

恋は何度もしたけれど、私が相手の男性に夢中になると、母はいつも嫉妬《しっと》に狂って大騒ぎだ。週刊誌よりワイドショーより手強《てごわ》かった。逆に相手が私に夢中になって、私が冷静でいるなら、母は機嫌がいい。デートに行くのに車で送ってくれたりしたくらいだもの。

これも親バカで、娘が惚れられるのはまんざらでもない、私の娘が惚れられぬわけがない、ということらしい。

遠い昔の、私の恋のお話である。

今でも私は母と二人。包丁が収まった後は、二人でゼイゼイいっているだけだ。

現在に話を戻そう。

私が外から帰ってマフラーをしたままでいると、母にギロリとにらまれた。マフラーをつかんで私を引きずり回し、叫ぶ。

「二人で一緒に死にましょう」

そんなことが何度あっただろう。一緒に死にましょうなんて、あれはいったい何だったのか。こんな馬鹿娘を、ひとりおいては死ねないと思ったのか。

私も、母の毎日のようなギャクタイに悔しくなって、

「あなたおひとりでどうぞ！」

といったら、母は黙ってしまった。きっと母にとって二人はひとりなのだ。終戦の翌年、命がけで私を守りながら満州から引き揚げてきた時と同じ、母の心の奥底にある野性的なまでの母性なのだ。そうとしか思えない。

母はまだ、私を守って戦いながら生きているのだろうか。背も縮んで小さくなってしまった母が荒れ狂う姿を見ると、本当に本当にかわいそうになる。叫びたくなる。

「ママ、もう大丈夫よ。あなたのトモ子ちゃんは立派に大きくなりましたよ」

若かった母はああやって必死に、私のために戦っていたのだろう。

そのうち母は昼夜が逆転するようになった。昼間ぐっすり寝て、夜活動する。真夜中に外に飛び出し、

「トモ子に殺される！　トモ子に殺される！」

大声で叫んで回る。ご近所はみんな、昔からの知り合いだから、事情はうすうすご存じだったのかもしれない。幸い通報されたことはない。

「殺される、殺される」

と叫ぶ母を引きずって家に連れ戻すのには大変な力が必要だった。私の体は年中あざだらけだった。

家に入っても興奮してぶるぶる震え、金切り声で叫ぶ。

「おばあちゃまのところに行きます」

「おじいちゃまのところに行きます」

「私はトモ子にこんなにいじめられるいわれはない。二人に助けてもらいます」

私はその度に、泣いて土下座する。

「ごめんなさい。私がいたりませんでした」

なのに、すきを見せれば新しい怒りがこみ上げるのか、またまた外に飛び出して叫び始める。

「トモ子に殺される！」

飛び出す時はなぜか必ずハンドバッグを持っていく。どこまでいっても、レディじゃのー。何度も泣いて土下座しているうちに、私はふと笑い出しそうになる。母のおじいちゃま、おばあちゃまって……。生きていたらはたして何歳だろう。

大人用おむつの苦闘

異様な臭いがするので母が入っているお風呂場をのぞくと、壁に便が塗りつけてあったことも一度や二度ではない。私は発狂しそうになる。ギャーッと喚《わめ》いたこともある。お風呂にも介助が必要になった。でも私でなくては嫌がるので、これも大変だ。その頃、母はまだ私より体重が重かったし、しかも毎日入りたいと仰《おお》せられる。

ある夜、お風呂に入れていると、

「今がいちばん幸せ」

そういうからホロリとしたら、

「ところでトモ子ちゃんはいつ帰ってくるの？」

私を近所のおばさんだと思っているらしい。

ここにいるじゃない、というと、

「トモ子ちゃんはもっとかわいい」

だって。

お風呂に入ると気持ちいいのか、まもなくウンチがプカプカ浮いてくる。私はいいことを思いついた。気晴らしに買った金魚が死んでしまい、金魚すくいの網だけが残っていた。これですくうとなかなか調子がいい。

金魚鉢を割ってしまったのだ。ピチピチ跳ねている金魚をタオルの上に乗せて、人工呼吸をしたけれど駄目だった。心臓の場所もわからないのに。なぜ、水に戻してあげなかったのだろう。ごめんなさい。と思い出しながらウンチすくいに励む。

後になってケアマネージャーから聞いたのだが、私はその頃、混乱の頂点にいたようだ。母の昼夜逆転の日々が続き、真夜中にうごめきだすので、一睡もできなかった。

眼に激痛が走り、眼科に飛び込んだ。先生いわく、

「とにかくお休みなさい。安静が何よりですよ」

そんなことができるくらいなら、苦労はない。

夕方、お手伝いの人が帰り、十七時ごろ近所に住んでいる親戚のマーちゃんが来る。彼女が帰ると、翌朝八時にまたお手伝いの人が来るまでの十二時間、母と私は二人きり。魔の時間だ。

親子心中が頭をよぎる。母を殺して私も死ぬ。その方法を何通りも考えてみる。母の首を絞《し》めて、私は二階から飛び降りる。薬を飲む。いろいろ方法があるが、二人が死ななければ困る。私だけが死に、母が残ったら大変だ。成年後見人を付けていないので、認知症の母にすんなり財産がいくわけではないらしい。どうしよう、どうしよう。考えても朝は来る。五時に起きて母のおむつを替えに行くのだけれど。

「母に私はお世話になった、お世話になった」

そう百回唱えても、どうしても起き上がれない。疲れ果てていた。

やっとベッドからはい出し、母の部屋に向かう。その時も、母の息が止まっていないかな……と何度望んだことだろう。

このおむつを付けるのだって、最初に母に承知させるのは、それはもう大変だった。

月初め、区からドーンとおむつの入ったダンボールの大箱が届く。小柄な私ならしゃがんで二人、たっぷり入るくらいの大箱だ。もしわが家が一間のアパートだったとしたら、どんなに憂鬱《ゆううつ》かしら。母のベッドがあって、ダンボールの大箱があって、それでいっぱいなのだ。私の居場所はない……。発狂するだろう。

幸い私の家は広いが、おむつを箱からひとつひとつ取り出して、埋もれそうになりながら、私は大泣きに泣いた。

「私、そんなに悪いことした？」

大人用のおむつは、コマーシャルで見るような赤ちゃん用のかわいいものとはぜんぜん違う。特に夜用は、まるで巨大な餃子のかぶりものだ。ナポレオンの帽子といってもいいかも。お洒落な母がはくわけがない。

「これは何ですか？」

と母。

「リハビリパンツです」

カッコ良くいってみたって、おむつはおむつ。

「こんなみっともないもの、はけません。だいいちゴワゴワして歩けないでしょ」

おっしゃる通り。でもはいてもらわなければ、あちらこちらでシンギング・イン・ザ・レイン……。はい、〝雨に唄えば〟です。どしゃ降りです。無理にはかせようとすると、殴る、蹴る、ひっかく、噛みつく。はたから見たら、それを押さえつける私は暴力を振るっているよう。

母はキッパリと、

「そんなに必要なら、あなたがおはきなさい」

それで〝雨〟が漏れないなら、はきますけどね。ハイ。いいつけ通りはきました。

何カ月もの攻防戦だった。母のどこにあんな力があったのだろう。

けれども、ビニールを敷いた水浸しのベッドに寝るのにとうとう閉口したようだ。ウンチの中にちんまり座っていたこともあったっけ。

「ハイ、いいつけ通りはきましたヨ」

母はしぶしぶおむつをはくようになった。

おむつを交換するには、寝ている間に横の部分を破れと、ケアマネージャーからいわれた。なるほどなるほど。そして新しいものをつける。何やらそのような構造になっているらしい。

でも渾身《こんしん》の力で引き裂こうとしても、無理だった。ケアマネージャーにも挑戦してもらったがやっぱり無理。彼女も、

「アレ？　おかしいわね」

だって。実際にやってみなければね……。人間、寝ている間は身体がグニュグニュしているようなのだ。

ようやく判明した病名

母の病名がはっきりわかったのは、その年の冬だった。

それまで母を診てくださっていた訪問医師はおじいちゃま。年寄りが悪いとはいってないが、二週間に一回来ては、毎回、母と同じ話を繰り返して帰っていく。どちらが患者か見分けがつかない。処方は抑肝散《よくかんさん》という漢方薬を朝昼晩。要介護1ではその程度の先生しか来てくれない。認知症への対応についてはちょっと納得できないことが多かった。それでケアマネージャーに相談し、思い切って認知症専門の先生に診てもらうことにしたのだ。

こっちは生死がかかっている。

医師を替えますとはなかなか言いづらかったのだが、そうしてよかった。遠慮している場合ではない。おかげで出た診断結果が「レビー小体型認知症」だった。

この診断をもとに介護認定の区分を変更してもらい、母は「要介護４」としてさらにサービスを受けられることになった。

＊

レビー小体型認知症は「レビー小体」が神経細胞に溜まって様々な症状を引き起こす疾患です。アルツハイマー病、血管性認知症に次いで三番目に多い認知症と言われています。ちなみに「レビー小体」とは神経細胞の中にできる小さな塊のことで、α-シヌクレインというたんぱく質が異常蓄積したものです。臨床症状は進行性の認知機能障害の他、
・認知機能の変動（本来眠気など出現しないような場面で急にボーっとして眠ってしまう、動きが止まる、寝言のようなことをつぶやき始めるといった症状）
・繰り返し出現する具体的な幻視、妄想
・パーキンソン症状

・睡眠時の異常行動（寝ているときに動きまわったり叫んだりする）
　さらには血圧変動やうつ症状など多彩で、出現する症状は患者さんによって異なります。

　現状で完治を目指す根本的な治療法はありませんが、患者さんやご家族が穏やかに毎日を過ごせることを目標として治療を行います。抗認知症薬の他、患者さんの症状に合わせ抗精神病薬や抗うつ薬、パーキンソン病治療薬などを適切に組み合わせて使用します。また薬物治療のみでなく、症状に合わせた生活環境の整備や介護サービスの導入も重要です。

　志奈枝さんの場合、当クリニック初診時にはすでに物忘れ症状出現から三年以上が経過しており、病状は比較的進行していました。「ＭＭＳＥ」という認知症を評価する三十点満点のテストの得点は十八点しかありませんでした。そして最も問題だったのは物忘れではなく、幻視、被害妄想、そしてこれらを原因とした不穏でした。誰かが常についていないと危険なほどであり、トモ子さんも周囲の方も疲弊《ひへい》しきった状態でした。治療は薬の調整と並行し、公的サービスの適切な導入を行い、トモ子さんの負担を減らす方向で進みました。半年後には嫌がっていたデイサービスにも通えるようになり、トモ子さんのコンサートを見に行くことができるほど改善しました。その後は、波はあるものの比較的落ち着いた状態が続いています。トモ子さんが「レビー小体型認知症」という病気についてよく理解され、正しい対応をしていただいたことも治療がうまくいった大きな理由でした。

（「ふくろうクリニック等々力」橋本昌也先生）

＊

進行する病状と治療の開始

「レビー小体型認知症」。日常生活ができなくなったり、記憶に障害が出たりすることに加えて、この認知症の最大の特徴は、幻視に苦しめられることだという。また凶暴性を伴うことも多い。

介護初期の頃、お風呂に入っていた母が急に飛び出してきて叫び始め、びっくりしたことがある。

「戦車がドロドロ、音を立ててやってくる！」

満州から命からがら引き揚げてきた時の、恐ろしい幻を見ているらしい。

あの時、ソ連軍の戦車が列をなし、地響きを立てながら奉天の街に入ってきた。私を抱きしめて家の中に隠れながら、カーテンの隙間からそれをそっとのぞいて見たのだと、かつて母は私に話してくれた。その後始まったソ連軍による強奪や略奪は、街に残っていた日本人たちを恐怖の底に突き落とした、と。

「戦車！　戦車！」

ぶるぶる震えながら叫ぶ母を、私はバスタオルで包んで抱き締める。それしか方法がなかった。だって私には何にも見えないのだもの。

パジャマを着せて家じゅうを見せて回り、何も襲ってこないことを納得させて、母の部屋は恐いだろうと私のベッドに寝かせた。これが悪かった。違うベッドに寝ている自分を発見し、恐慌をきたして、「ドロボウ、ドロボウに襲われた」と大暴れ。レビー小体型認知症は環境の変化に弱いそうだ。

またリビングの一角を指差して叫ぶ。

「外套《がいとう》を着て、軍靴を履いた怖い男が四人座っている。トモ子ちゃん、早く警察に電話して！」

母をなだめるため、その度に110番に電話をする（フリをした）。ああ、元・名子役のはずなのに、私の芝居の下手なこと。だってつながっていない電話じゃ恥ずかしい。

「何をぐじゃぐじゃやってるの。私に貸しなさい」

母は苛立って私から電話を奪いとる。「ツー、ツー、ツー」母はケイタイを投げる。母親を相手に芝居をするのは、難しいものだ。

ケアマネージャーは、「あなた一応女優でしょ。お芝居なさいよ」。

ハイ、ハイ、今、暇ですし。今日はマザー・テレサでいこう。今日はマリアさま。でもレベル設定が高すぎた。すぐに、「ママ、何してるの！」。ダメ！　鬼婆に逆戻りだ。

もちろん夜間の徘徊《はいかい》もあった。ただ徘徊というには、あまりにスピードが速過ぎて……まるで遁走《とんそう》だ。私も懸命に走っているのに、母に追いつくのは容易ではなかった。母は元短距離走の選手だ。

母は怯《おび》えていたとしか思えない。七十年以上たっているのに、まだ戦争の影に怯えていたのだ。

外出着のまま、母の寝室の入り口に布団を敷いて寝る日々が続いた。一瞬たりとも母から目が離せなかった。

病気は容赦なく進行した。幻視と凶暴性が同時に襲ってくる日もあった。

あの華奢《きゃしゃ》な母のどこにそんな力があるのか、リビング中の椅子を投げる、蹴り倒す。重いガラスの机をひっくり返す。チェコ製の花瓶をぶん投げる。いくつ割れただろうか。そんなことはどうでもいい、母に怪我さえなければ……。「寄ってこないで」「殺してやる」。見えない敵と戦っている母を羽交い締めするしかなかった。暴れる母の口の中に安定剤を放り込む。


それでも病名が判明して、処方された薬を服用すると徐々に症状が改善されていった。だが、薬をちゃんと飲んでくれるまでがまた大変だったのは、いうまでもない。

「トモ子が毒を飲ませる」

といって大暴れ。無理に飲ませれば吐き出す。薬を放り投げる。

だが指を嚙まれながらも気長に構え、飲ませているうちに、どうやら母の気持ちが和らいできたようだった。まああれだけ暴れれば、母も疲れるだろう。

次第に、まるで美味しいものを飲むように服用してくれたり、かと思うと床に落ちた薬まで、

「ほら、そこに」

と教えてくれるようになった。

「ありがとうね」

それを飲めばもっと楽になれると思うらしい。母もやっぱり、辛かったのだ。

薬を飲ませるときは母相手の芝居、「ハイ、アーン。美味しいですヨ、飲みましょう」

初めは照れたが、だんだん上手になっていった。飲んだ時には大いにほめた。パチパチパチ、拍手までしてしまう。イイコ、イイコと頭をなでたりもする。昔なら、

「親をバカにして！」

とどんなにか叱られただろう。

病名がわかった時、私は本当に嬉しかった。母は壊れたのではない、病気なんだ。認知症は治らなくても、薬さえ合えば症状は軽くなる。

そうだ、母が二人いると思えばいいんだ。私はそう考えた。これまで通りの女性らしい、レディの母。そして病気の母。よし、これがいい。

私の気持ちも少しずつ、落ち着き始めていた。

再び一人の部屋で酒をあおる

ここまで書いてみると、私は大変いい人に見えるのではないか？　とんでもない。母のみにくい姿を初めて見た私は、どんどん平静を保てなくなる。見たくないものは見たくない。私の酒癖の悪さが始まった。母に思わず強い言葉を吐き、反省して泣きながら飲む。母の汚物に対面すると、忘れようとして飲む。だんだんワインをラッパ飲みするようになった。

かつて若い頃、二十歳を過ぎても私の前にはジュースが置かれた。お酒を注文すると「あらまー、トモ子ちゃんもお飲みになるのね」。これがわずらわしく、仕事の屈託《くったく》もあったのでしょう、私は部屋のドアを閉め、鍵もかけ、お酒を飲み始めた。かけていた曲も悪かった。ビリー・ホリデイ。一晩に軽くサントリーのダルマ一本空けていた。飲むなら飲む。飲まないなら飲まない。大酒飲みの悪い癖だ。

それが優雅に食事の時、ワイン二杯というところまでやっと立ち直ったのに、また、これだ。夜の八時から朝八時までは誰もいない。止める人がいない。ベロベロに酔っ払った翌日、私の片眼は見事なパンダ。ワインの瓶で転んだのだろう。あんなに真っ黒になるとは夢にも思わなかった。友達に写真を送るといったら、「汚い顔、見たくない」。一週間くらいたち、恐る恐るお医者さんに行ったら、「なんでこんなになるまで放っといたんですか」と叱られた。「恥ずかしくて来られなかった」といったら、「治らないかもしれませんよ」と脅された。息子さんの先生でよかった。先代の先生には、母はずいぶん私の酒癖の悪さを相談していたらしい。

そんな頃、私は大理石の風呂場で頭をしたたかに打った。少し気を失っていたらしい。まだ七時ごろなので、親戚のマーちゃんがいて、「救急車、救急車」と叫んでいる。「救急車はやめて」というと、「だってトモちゃん、血の海だよ」。広い風呂場をタオルで三回ぬぐっても血が吹き出してくる。頭のキズは出血が多い。ライオンの時に経験済み。

母の看護師さんに来てもらい、結局、救急車で病院へ。何針か縫《ぬ》われる。アー、懲《こ》りない私。

ほとんど毎日、マーちゃんが近所の自宅から自転車で駆けつけてくれる。この人が私にとっては百人力。私が生まれる前から母を慕っており、一緒に暮らしていたこともある。子沢山のマーちゃんの父親が病気で働けなくなり、私の祖父が海外へ行っている間、日本の留守宅で母や曽祖母が面倒を見ていた。マーちゃんに、洋裁の得意だった母がいろいろ作っては着せて可愛がっていたらしい。

「お姉ちゃまー」

この人はどんな時であろうと、大声で母をこう呼ぶ。

「お姉ちゃまが死ぬまでは、私はお姉ちゃまの近くに住む。トモちゃんは頼りにならないから」

何事もお姉ちゃまファーストのマーちゃんと私は、母が正気の時は折り合いが良かったわけではない。私にゴミ出しもさせない、お茶碗も洗わせない母に対してブチブチ文句をいっていたらしい。でも、今やマーちゃんがいなければ一日も回らない。八時ごろ、そのマーちゃんも帰っていく。

デイサービスを利用

自宅介護に執着し、母を施設に入れる決断がなかなかできなかった私だが、私自身の体調の悪化もだんだん誤魔化《ごまか》せなくなってきた。母の症状は一進一退で、心の休まる日がない。

「エイ！　もうダメだ。施設だ」

「いやいや、もうちょっと自宅介護でがんばろう」

心が揺れる。

「どうしたらいいの」

その度にSOSを発信して、ケアマネージャーをわずらわせた。

「トモ子さん、いいかげん腹を決めなさい」

本当は介護が始まった当初、仕事はきっぱり辞めようと思っていた。仕事と介護の両立なんてとても続けることはできないだろう。

でもケアマネージャーが諭《さと》してくれた。

「介護はいつまで続くかわからない、終わりの見えない戦いです。仕事を辞めたら、どこにも逃げ場がなくなりますよ。さて、介護が終わりました、仕事始めますっていったって七十歳過ぎのあなたを誰が雇ってくれますか。お仕事いただけるうちはやりなさい」

ごもっとも。結果的に仕事を辞めなかったことは、私にとって本当に良かったと思う。仕事の時は、つかの間だが介護の辛さをまったく忘れることができる。

でも母を施設に入れなければ仕事はできない。私の頭の中はぐるぐる回る。自分に問いかけてみる。

「あなたは施設に入りたいですか？」

入りたくはなかった。

それでも私は助かりたい。楽になりたい。

このままでは共倒れになってしまう……。

やっと心を決めて、あちこちの施設を見学して回った。いろいろあるのだ。超豪華なところから、中くらいのところ、一般的なサービスのところ。何ヶ所回ったことだろう。友達が見かねて、自分のお父さまが実際に入っているところを案内してくれたのは、ありがたかった。

まずは日中に短時間だけ施設を利用する、デイサービスをお願いすることにした。ただ、人見知りの母のこと。知らない人と一緒にいることをどんなに嫌がるだろうか。

「ママ、お歌を歌ったり、手芸したり、体操したりするのよ。楽しいわよ」

一緒に下見に行ったけれども、母は自分のことではないと思っている。これまでと同じ、私の公演について来た母親の気分でいるのだ。

「トモ子ちゃん、皆さまにご挨拶して」

とうながされた。

施設を決め、申し込みをしてからも一カ月くらい、母は行きたくないと駄々をこねていた。私が手を焼いているところに、ケアマネージャー登場。

「お母さま、お裁縫《さいほう》お上手だったでしょ。皆さんに教えてあげてください」

「あら、それなら参りますわ」

もう裁縫箱を持っている。嘘も方便、さすがベテランのケアマネージャーだ。私は感心することしきりである。案ずるより産むが易《やす》しで、楽しそうに出かけてくれるようになってホッとする。それでも私は登校拒否児を持った母親の気分、毎回心配でドキドキだ。

施設を変える決断をした

そんなある日、舞台のリハーサル中に電話がかかってきた。

「デイサービスからです」

頭でも打ったか、転んだのか。最悪の状況が脳裏をよぎり、スタッフから電話をひったくるようにとると、向こうはとてものんきな声でこういった。

「あのー、お母さまのスカートが臭います。とてもくさくて……。

他のお客さまからクレームがきました。今度で二回目です、お気をつけください」

何度も電話に頭を下げ、リハーサルに戻ったが、心中穏やかではない。あんなに気をつけていたのに、母に恥ずかしい思いをさせて、申し訳ない。

母が帰ってきてから点検すると、何の臭いもない。すぐに施設の責任者に電話をする。

「あなたたちは自分で確認しましたか？」

「いいえ」

「おたくでおむつ使用は母だけですか？」

「いいえ」

「お客さまのクレームって、何人のひとがいっているのですか？」

「おひとりのおばあさまです」

私の怒りは爆発した。

「失礼じゃありませんか！　なんの根拠もなくそんなことを……」

その後、何度か施設から謝罪があったが、対応に納得できなかったので、すぐに利用をやめた。スタッフに利用者に対する配慮も、優しさもない。あんな人たちに老人のケアをする資格はない。あんなに苦労して行かせたのに……。

でも私も、あの時は介護一年生。今ならあんなに怒らなかっただろうと思う。私自身、あの頃は本当にギリギリの気分だったのだ。

それに私にも反省がある。利用者はほとんどの皆さんがトレーニングウェアを着ているのに、母はいつも通りのスーツにヒール。浮いていたことは確かだった。どこにだって、いじめっ子のばあさんはいるものだ。

しょんぼりしている私に、ケアマネージャーが、

「はい、次に行きましょう。デイサービスはたくさんあるのだから」

明るく決断をあと押ししてくれた。

さあ、次、次。新しい施設を見学に行く。母を先頭に、元民生委員と私の三人だ。利用者は「要介護４」だと伝えてある。ヒールを履いて、シャッキリと紫のスーツを着こなした母。対応した女性スタッフの眼が泳いでいた。〝三人のうち誰が利用者なの⁇〟

ハハハ、私ももう対象者の年齢なのね。おかしくなる。

「利用者は私です」

といってみたくなる。

「お待ちしていました」

といわれたらどうしよう。……今、母は二つ目の施設に楽しそうに通っている。

かかりつけ医を替える時もそうだったけれども、納得できないものを感じたら、率直にケアマネージャーに伝えて替えてもらうことはとても大切だ。日本人にとってはなかなか難しいかもしれないけれども、遠慮しない、ためらわない。長期に及ぶ介護ではこれは必要なことなのだということを、私も経験から学んだ。勇気をもって、チェンジ！　といおう。

初めてのショートステイ

現在、母は週に二回のデイサービスを利用しながら、訪問診療と訪問看護を受け、私は親戚や通いの手伝いの人と協力しながら、在宅介護をしている。

それに加えて、私に泊まりの仕事があるときには、施設にショートステイをお願いする。

最初のきっかけは、二泊三日の仕事が舞い込んできたことだ。

なんと豪華客船「飛鳥Ⅱ」でクルーズしながら、「昭和を歌おう」というディナーショーをするという企画。それはテレビ朝日映像の仕事で、シリーズでやっている。

発症の翌年で、母はまだ症状がひどい頃だった。

「どうしてもやりたい！」

出演者はデューク・エイセス、私は歌と司会。ゲストは伊東ゆかりさん、森昌子さん、それぞれ替わる。

「出たい！　出たい！」

でも母をどうしよう。私の心は千々《ちぢ》に乱れていた。……いや、本番まで半年ある。どうにかなるだろう。何とかしよう。

後になって、番組の担当者がいっていた。

「そういえばトモ子さん、仕事の依頼をした時、『ハイ！』という前に微妙な間がありましたね」

その頃、母のことはまだ誰にも話していなかった。

初めてのショートステイは二泊三日。私の泊まりの仕事を前に、いわばリハーサルだ。万が一に備えて、私は息をひそめて家にいるのである。お泊まり道具はパジャマ二組に下着、サンタクロースのように大きな袋に入ったおむつ。テレビは持参。朝昼晩の大量の薬の仕分けも大変だ。

当日、母を施設に連れていき、

「私はお泊まりの仕事が入ったので、ここで待っててください。私がお仕事をしないと、ママと一緒にあの家にいられないのよ」

一種の脅しである。

「私も一緒に行く」

置いていかれちゃ大変、と必死ですがりついてくる。母が元気だった頃は、プライベートの保護者としていつも同行していた。だから母は不安そうに玄関までついてくる。

「すぐに迎えにくるからね」

と私。昔、子役としてよく出ていた母もの映画に、こんなシーンがあったっけ。

私ひとりで家で過ごす夜。いてもたってもいられなくなって、施設に電話した。

「母はどうしているでしょうか？」

「トモ子に騙《だま》された、とおっしゃって、ハンドバッグを持ってずーっと玄関で待っていらっしゃいます」

迎えに行きたい衝動にかられてケアマネージャーに電話したら、

「あなた、本当に仕事する気があるの？」

と一喝された。大泣きに泣きながら、一睡もできなかったのは私の方だった。本番はどうなることやら。

何度か利用するうちに、母もショートステイに慣れてきた。今では、

「仕方がないわね」

とふくれている。

施設でお昼の席にご一緒させてもらうと、この私が横にいるのに母は得意そうに、「お仕事が終わったら、娘はすぐに迎えに来ますの」と話している。周りの方々は口々に、

「あら～、お幸福《しあわせ》ね」

こんなにきれいで、行き届いたケアをしてくれる施設なのに……。やっぱり皆さん、家に帰る方が幸福だと思っていらっしゃるのだろうか。

私の心は複雑です。

「徹子の部屋」で介護を公表

母が認知症であることを公表したのは、かつて母と一緒に出演したトーク番組「徹子の部屋」だった。

番組で私の担当だった望月美恵さんとは長いおつき合いだ。望月さんのおばあさまが認知症になった経験から、その頃勉強されたのでとても詳しく、お友達として以前からよく

メールでアドバイスをしてもらっていた。そして母の発症から二年ほど過ぎた平成三十年、

「トモ子さん、そろそろお母さまのこと、いってもいいんじゃないかしら」

といわれたのだった。

「永六輔さんは、『僕はパーキンソン病のキーパーソンだよ。病気を笑いに変えて、みなさんを勇気づけているんだ』っておっしゃっていたでしょ。トモ子さんも前向きに発表したほうが、永さんも喜ぶんじゃないかしら？」

永六輔さんは私にとって、「芸能界の父親」にも等しい存在だった。永さんが大学時代からのおつき合い。その頃私は豆スター。コンサートの演出もしてくださり、よく一緒にお仕事をした。ラジオ番組にもレギュラーで呼んでくださった。永さんは長くパーキンソン病を患《わずら》いながらも、平成二十八年に亡くなる直前まで仕事を続けていた。永さんが亡くなったのと、母が認知症を発症したのはほぼ同じ時期だ。

永さんの病気は本人のことだから、自分で洒落のめしても構わない。でも私の場合、病気なのは私ではなく、母なのだ。

そういえば以前こんなことがあった。

聖路加国際病院の元名誉院長、日野原重明《ひのはらしげあき》先生は母の主治医だった。平成二十九年に

百五歳で亡くなられるまで現役の医師をつらぬかれたが、ある日、母に聴診器を当てながら、ぐっすり寝ていらしたのを私は見た。確かそのときも百歳を過ぎていらしたと思う。

その様子があまりに愛らしかったので、永さんがパーソナリティだったラジオ番組「土曜ワイド　ラジオＴＯＫＹＯ」でこのエピソードを語り、

「せめて主治医は母より若い方を」

といったら、母が血相を変えて怒ったのである。

「年寄りをバカにしてはいけません」

それからの私は、母のことをしゃべる場合はいちいち許可を取っていた。これもコンプライアンスの一種。笑いを取るより、家庭平和の方が大切だ。

さて現在、母は自分が「レビー小体型認知症」であることはまったく理解していない。

「私はどこも悪くないのに、あなたはなぜいらっしゃるの？」

訪問診療をしてくださる、「ふくろうクリニック等々力」の橋本昌也先生に毎回聞いている。先生も慣れたもので、

「僕はこの辺の担当なのでウロウロしてます。松島さんは高齢なので、時々お身体を診せてくださいね」

「ああそうですか。ありがとうございます」

電話で、橋本先生に「徹子の部屋」のことを聞いてみた。

「お母さまがご出演されないのなら構いませんよ。介護で苦労している人はたくさんいます。その方達の助けになりますから、ぜひ出てください」

まったく正直なところ、私は他の方の助けになる余裕なんかないのだけれど……。

「徹子の部屋」に出演するまで決心がつかず、悩みに悩み、返事をするまで三週間待っていただいた。それまでは母のことを隠していた。親しい方から電話がきても、「今、美容院に行ってます」「ちょっと風邪気味で」などとでまかせをいっていたけど……。母のファンも多かった。まず、泣かずに徹子さんに話せるか。芝居以外で人前で泣くなどよしとしない。泣いて泣いて泪《なみだ》が涸《か》れるまで泣いて、やっと収録にのぞんだ。

徹子さんは介護の経験がないようで、私の話に一生懸命、耳を傾けてくださった。私はテレビで話せる範囲の症状を正直に話し、レビー小体型認知症のことも説明した。母の場合は凶暴になり、幻視が見えるが、幻視が見えない人もいる。テレビを見ているレビー小体型認知症の患者さんのご家族がいらざる心配をなさらないよう、注意しなければ……。

レビー小体型、アルツハイマー型、二つ重なることもあるそうだ。

徹子さんは、「あんなに美しいお母さまがおかわいそうに」。

「でも九十五歳でシャンとしたままの母が亡くなっていたら、私は一生立ち直れなかったでしょう。認知症になってくれて、少しは親孝行できたと思います」

それには徹子さんも共感してくださった。私は涙を一滴も流さなかった。

「泣かないで話したい」と徹子さんには事前にいっておいた。

「泣かないで話せてよかったわね」

収録後、そっとおっしゃってくださった。徹子さんは心優しい方だ。


この「徹子の部屋」は大きな反響を呼んだ。

「あのスターだったトモ子さんが、私たちと同じように自宅介護しているなんて」

「施設へと、私も気持ちが揺れ動いているけど、もう少し自宅で頑張ります」

といった声をいただいた。一番多かったのは、

「今までお母さまのお世話になってきたんだから、今度はあなたがお母さまを守る番です」

はい、重々わかっていますよ。

嬉しかったのは、母と一緒に何十年も仕事をしてくれた衣装屋さんが、

「トモ子ちゃん、どうかお母さんを頼みますよ、頼みますよ」

といってくれたこと。

素敵なのもあった。

「まあお母さまは、ご病気まで美しいのね。ルビー小体型ってあるのね」

童話作家の山崎陽子先生である。

あのね先生、ルビーではなくて「レビー小体型」です。

第二章

満州からの逃避行

国防服の父とおしゃれな母

七十年以上も昔のことだ。

私の父・高橋健《たけし》と母・松島志奈枝は日本で結婚し、昭和十九年（一九四四年）夏、新天地・満州国へ渡った。三井物産の社員だった父が、奉天（現在の瀋陽《シェンヤン》市）に駐在することになったのだ。

優秀な商社マンだったが、東北生まれの無骨な父。同じく三井物産の社員の娘として生まれ、香港のイギリス系女学校で学んだお嬢さま育ちの美しい母。母はペニンシュラホテルのローズルームで社交界デビューしたのだから、本物だ。一見、対照的な二人の結婚だった。

母はかつてこう語ったことがある。

「トモ子は父親によく似ています。主人はとても明るくて面白い、人気者でした。社宅に帰ってくると、子どもや奥さんたちが集まってくるような人だったんです」

ここに『T子の父』と題した一編のエッセイがある。父の上司であり、後に三井物産の社長になられた新関八洲太郎《にいぜきやすたろう》さんが、昭和二十七年（一九五二年）頃の新聞にお書きになったもので、私にとっては一度も会うことのなかった父を偲《しの》ぶ貴重な宝物である。

〈T子の父K君は背はズングリ、色は黒く、それに東北訛《なまり》があって、決して美男子の部類に入る青年ではなかったが、明敏な頭脳と、燃えるような情熱、それに豊かなユーモアの持ち主であった。

昭和十六年、戦争勃発の直前、私はバンコックで初めてK君を知ったが、それからシンガポール、ジャカルタと共に転々として一緒に働いた。最後の奉天にも私の後を追い、無理をしてやって来た。

その途中、東京に立ち寄り、丁度出張で上京中だった私に、

「良いお嫁さんを世話してください」

という。いろいろ候補の写真を見せたが、なかなか気に入ったものがない。そんな時、たまたま先輩の令嬢にS子さんという女性があり、私の気に入ったので大いに推奨して、帝国ホテルで見合いをさせた。

二人は十九年の夏、戦火まさに迫る満州に渡った。私の妻が奉天駅に出迎えると、S子さんは香港のイギリス系の女学校を出ただけに、隙のない洋装姿なのに引きかえ、K君は戦闘帽に国防服、それに振り分けの荷物を肩にかけ、というでたち。いかに戦争中とはいえ、この対照はまさに喜劇ものであったらしい。

彼は満州の大地を見て大いに感激し、新妻をおきっぱなしにして、東奔西走していたが、暇な夜など二人して私の家にやって来て、〝新世界〟や、〝悲愴交響楽〟のレコードをかけて聞きほれていた。豊富な洋楽の鑑賞眼を示したことも新発見であった。……終わりに、K君の忘れ形見のT子は、いま映画の子役で売り出している松島トモ子のことである〉

このエッセイは、父に会ったことのない私にも、父母のいかにもアンバランスな対照を彷彿《ほうふつ》とさせておかしい。

新婚時代の思い出

父の国防服といえば、シベリア旅行中（第五章で詳述）に、母もこんな面白い話を聞かせてくれた。

父はジャカルタを発つ時、衣類などの荷物は船便で直接、奉天に送り、自分は国防服姿のまま飛行機で東京にやってきた。新関さんの勧めで帝国ホテルに宿泊したが、その格好では食堂に入れてもらえず、友人からのおにぎりの差し入れで毎日をしのいでいたそうである。

母とのお見合いの席には、友人から借りた背広を着て現れた。それがいかにも窮屈そうだったので、母の父が、「どうぞ、上衣をおぬぎください」というと、父は上衣を椅子の背にかけ、そのまま忘れて帰ってしまい、あとで大あわてでさがし回らねばならなかったそうだ。

その頃、朝鮮の平壌（現・ピョンヤン）や京城（現・ソウル）には立派なホテルがあり、日本の内地とは違って、まだ相当に贅沢な雰囲気が残っていた。父と一緒に大陸に渡った母は、そんなホテルでお洒落をしてディナーに出るのを楽しみにしていた。

ところが、父の国防服はここでも食堂の入口で断られてしまった。あわてた父は、「あなたの服を貸してくれ」と、支配人に頼み込んだが、むろん貸してくれるはずがない。

「結局、部屋でルームサービスばかり。これが私たちの新婚旅行だったのよ」

と、昔を思い出して、母は苦笑した。

父が船便でジャカルタから奉天に送った荷物には、十数着の背広、新品のワイシャツと下着類が二ダースずつ、その他カシミヤのセーターなども入っていた。

「日本では買えないものばかりだぞ」

関門海峡を渡る船の中で、父はそう自慢したらしい。しかし、この荷物を積んだ船は敵の攻撃を受け沈没してしまい、奉天には届かなかった。戦局は、それほど厳しいものになっていた。

着たきりの父にも、満州の冬は駆け足でやってきた。母は自分の下着の中から、伸縮のきくメリヤスの大きめなシャツを選んで父に着せた。女物だから、右前ボタンで、衿《えり》ぐりはリボンで調節して結ぶようになっている。

それを着た父の姿はさぞかし珍妙なものだったに違いない。

母は手編みのセーターをほどき、父のチョッキ、マフラー、手袋などを大急ぎで編み上げた。父は大喜びで着て出かけたが、すぐにどこかで酔っぱらってなくしてしまった。

母は、また自分のセーターをほどいて、マフラーと手袋を編んだ。今度はシューバ（内側に皮のついた外套《がいとう》）の衿に新しいマフラーをしっかりと縫いつけた。手袋には幼児のように紐をつけ、外套の袖の中を通し、これも紐の中央を衿の内側に縫いつけた。これなら、お酒好きの父も酔っぱらってなくすことはない。母の知恵だった。

「会社では、いろいろ冷やかされたり、話題にされたようだけど、でも、喜んで着ていらしたのよ」

「それは、ママに対する思いやりでしょ。恥ずかしいのを、きっと我慢してたのよ」

そういう私に、母は珍しく反論してきた。

「今の時代の人たちにはわからないでしょうね。あの奉天の冬は、物が何も買えなくて、とにかくとても寒いのよ。だから、本当に喜んで着ていらしたと思うわ」

これは新関さんの思い出話だが、終戦の前年、父は新関さんにこんな提言をしたことがあったという。

「この戦争はいよいよ負けですな。このまま戦争を続けたら日本は滅びてしまいます。そこで、私はここに意見書を書きましたから、一読の上、支店長から日本政府に伝達してください」

その内容は、〝日本は一刻も早くソ連の斡旋《あっせん》を得て、連合国と講和をすること。その代償として松花江《しょうかこう》以北の満州はソ連に譲渡する〟という趣旨のものだった。

「一介の会社支店長の力の及ばないことだよ」

あまりにも突然のことで面食らいながら、新関さんはそうお答えになった。が、父は引き下がらなかった。

「こんな天下の非常の際に、身分とか立場にこだわっている場合ではありません。どうか、お願いします」

二人の押し問答は、なかなか終わらなかったが、結局、父の終戦処理案は新関さんの机の引き出しに埋もれてしまった。

そんなエピソードを聞くたびに、父はとても情熱家だったんだなあ、と私は感心させられたりもする。

身重の母を残し応召する

終戦の年の五月、父は奉天で現地召集を受けた。私の生まれる二ヶ月前のことだ。世界を広く飛び回っていた父は、この時すでにこの戦争の行方を予期していたらしい。

「今は大事な時だから、見送りはしなくていい」

出征の朝、父は身重の母の身体を気遣い、そう厳命したそうである。けれども母にしてみればいわれた通りにするわけにはいかなかった。奉天神社に参拝し、駅に向かう父たち一行。それとは別の道を通り、先回りして奉天駅に行った。そして太い柱の陰に身を隠すようにして父の姿を探し、見送ったという。

「お父さまはきっと、私に気がついてくださったと思うわ」

母はそう語っていた。駅に響くバンザイ、バンザイの声が、むなしく聞こえた。

一ヶ月後の六月十七日、父からの第一報が届いた。検閲済みの印と、切手の代わりに軍事郵便のスタンプが押された葉書だった。それから八月にかけて七通が母のもとに届けら

れた。どの葉書にも自分のことは、

「元気で軍務に精励している」

との一行だけ。あとは留守宅を気遣った細々とした指示と、子どもの誕生を待ちわびる心境がびっしりと書いてあったという。

昭和二十年七月十日、私は生まれた。予定より一週間遅れだった。陣痛微弱のため、出産にずいぶん時間がかかったらしい。そのせいか私は生まれてもすぐには産声を上げなかったとか。

「まあ、大きな目の赤ちゃん！」

ベッドの中の母が最初に耳にしたのは産声ではなく、そんな看護婦さんの声だった。私はパッチリ眼を見開いて、この世に出てきたのだろうか。私らしいといえば、私らしいけど。

私の本名は「奉子《ともこ》」という。出生地の奉天と、マレーの虎こと山下奉文《ともゆき》陸軍大将にちなんで、新関八洲太郎さんが命名してくださった。

父からの最後の葉書は八月三日に届いた。

生後七カ月、奉天の写真館で撮った満州時代唯一の写真。着ている服は毛布の端を切った母のお手製。ボール紙を丸く切り抜き、毛糸でくるんだボタンがついていた。

〈今、大内夫人（父の友人の奥さま）からの吉報が届いた。母子ともに健全で何よりだ。よく頑張ったね。之《これ》からも充分に気をつけてくれ……〉

娘の誕生に父は大喜びだった。しかし後から母に聞くと、父は息子の誕生を切望していたという。

「ぜひ、男の子を産んでくれ。女の子で私に似たら可哀想だ」

おあいにくさま、私は父にそっくり。三歳の頃、父の会社を歩いていると、

「おっ、健のハンコだ」

といわれ、大いに傷ついたのを覚えている。父が美男でないことは私も知っていたようだ。

最後の葉書の終わりには、こう書かれていた。

〈身体さえ丈夫にしていれば、きっと逢えるよ。待っていてくれ！　必ず無事でいてくれ！〉

父の祈るような言葉に、この時なぜか母は妙な胸騒ぎを覚えたという。

敗戦――奉天に残った母と私

胸騒ぎはすぐに現実のものとなった。八月八日、ソ連軍の参戦が報じられたのだ。国境では戦闘があるのだろうか？　父の安否はまったくわからなかった。

関東軍はすでに南下し、軍や満鉄の関係者は民間人を置き去りにして、真っ先に、しかもこっそりと奉天から消えてしまっていた。かろうじて三井物産は、現地の留守家族を最後の列車に乗せて奉天から避難させる手はずをととのえた。しかし、母にしてみれば産後まだ日の浅い身体で私という乳飲み子を抱え、引き受け先の決まらない旅に出るというのは自殺行為に等しかった。それに、奉天を離れると父と連絡が取れなくなるのが心配だった。

どんなことがあっても絶対に生きて帰ってくるから、待っていてくれ……。最後に父は母にそういい残して、出発していったのだ。

「いざという時は、決して足手まといにならないようにしますから、このまま置いてください」

そういって、母は奉天に残ることになった。他にもさまざまな理由で残留する家族があり、私たち母娘は、大内さん一家と終始行動を共にした。

出征中だった大内さんは父の尊敬する先輩のひとりで、母との見合いの席にも立ち会ったほど親しい仲だったという。留守家族は奥さまと四歳の宣子ちゃんの二人だったが、二番目のお子さんの出産を十一月に控えていたため残留組に加わったのである。

大内夫人は聡明で美しく、なにごとにも積極的な方だった。どちらかというと引っ込み思案の母とは対照的で、母にとっては心強いお姉さまだったのだろう。父もかねがね、

「自分の出征中は大内夫人に充分師事して、つねに行動を共にするように」

といっていたという。

二人は銀行で預金をおろし、食料品を買い込んだ。それから荷物を整理し、必要品をトランクに詰めて非常事態に備えた。

八月十五日、敗戦。

「雑音だらけのラジオで玉音放送を聞いた時は、頭の中が真っ白になったわ」

と母はいう。

一体どうすればいいのか。父の安否も気遣われたが、さしあたり自分たちの身が危なかった。日本が敗れた今となっては、この満州では何が起こるかわからない。

「女性は髪を切り、男装するように」

という お達しがあった。母は男物のだぶだぶズボンをはき、短く刈った頭を男性と同じように手拭いできっちり縛った。

数日後、ソ連軍が進駐してきた。窓のカーテンの隙間からこわごわ覗くと、戦車が砂煙を上げながら音を立てて続くのが見えた。戦車から顔を出しているソ連兵が〝赤鬼〟のように見えたという。母は、どうぞこのまま通り過ぎてくれるようにと、必死で手を合わせた。

ソ連兵から隠れて移り住む

その夜から、残留家族は社宅と庭続きの三井ビルに泊まりに通うようになった。そーっと中庭を横切り、真っ暗闇のビルの階段を、懐中電灯を頼りに三階まで上がる。三階の廊下に、両側から鉄のシャッターの下りるところがあり、そこに畳を一列に敷き詰めて、安全な泊まり場所を確保したのだった。

親の気持ちが伝わるのか、幼い子も赤ん坊も不思議に泣き声を上げなかったという。私もそうだったらしい。昼間、近くにソ連兵が現れると、母は私を抱いて社宅の押入れに隠れたが、そんな時も私は決してむずからなかったという。

息の詰まるような数日間の後、突然三井ビルがソ連軍に接収されることになった。もう社宅も危険だった。

「必要な荷物は隣の警察庁の庭へ塀越しに投げ入れ、すぐに淀町の三井寮へ移ってください」

母は私を背にくくりつけ、トランクを塀の下まで運んだ。その後は満州国立奉天工業大学の学生さんたちが手伝ってくれた。

無我夢中で淀町の寮まで走った。街路樹の続く通りに面した間口の広い建物、その二階が避難所だった。電気は来ているが、水道は止まっていた。日本女性が隠れているとわかったらソ連兵に襲われるというので、窓ガラスには気配を感づかれないように黒い紙が貼られていた。私は生まれてから十ヶ月の間、まったく日の光を浴びることのできない子どもだった。約十家族に、奉天工大の学生さんたちが五、六人――それがこの籠城《ろうじょう》隊の陣容だった。

ご主人のいる方たちにはそれぞれ個室があてがわれ、留守家族は少し広い部屋を、トランクやカーテンで区切って住むことになった。

私たち母娘は大内さん一家と一緒に、二畳半ほどのスペースで暮らした。炊事、洗濯、干し物などは全てこの狭い場所で済ませた。やがて大内夫人に赤ちゃんが生まれたので、母と夫人は子ども三人を囲むようにして、足を曲げてやっと寝るという生活だった。

裏庭に水汲みにさえ出られない女性たちにとって、奉天工大の学生さんたちの存在はありがたかったという。

終戦直後の奉天では、悲惨な出来事があちこちで起こっていた。

特に進駐してきたソ連軍の横暴は目を覆うものだった。街ではダワイ（ここでは〝よこせ〟の意味で略奪のこと）が横行し、牡丹江《ぼたんこう》などの奥地から奉天にたどり着いた人々の多くが被害にあった。

その横暴ぶりは日を追って激しくなり、ついには「マダム・ダワイ」（女を出せ！）とさえ強要するようになった。そのため窮余《きゅうよ》の一策として〝慰安所〟が作られることになった。

防波堤になってくれる女性たちに、母たちはトランクの底から一張羅の着物などを取り出し贈った。

「感謝というよりは申し訳なさに胸を締め付けられる思いで……。痛ましいばかりの、今も一番思い出したくない出来事だったわ」

と母はいう。考えるだけでおぞましい話だ。同じ女性として、防波堤になってくれるひとがいたからといって喜べるわけがない。

もちろん、まだ乳飲み子だった私は、当時のことはまったく記憶にない。のちに母から聞いた話を綴っているだけだが、母や大内夫人たちの苦労がどんなに大変なものであったかは想像することができる。

奉天では十月には早々と冬将軍が到来する。氷点下三十度を超す酷寒を、暖房もない状態で、母は乳飲み子の私を抱えてよく乗り切れたものだ。今も信じられない。

母乳の出が悪く、満足な食事も与えられなかったはずなのに、あの頃の私はいつも機嫌がよく、めったにぐずったりしない子どもだった。色白の頬はふっくらとし、大きな瞳をクルクル輝かせて、ちっとも人見知りをしないなかなかの人気者だったそうだ。生まれたばかりの大内夫人の息子はビービー泣き、おへそが飛び出したそうだが。

やがてソ連軍が撤退し、代わりに八路《パーロ》（中共軍）が入ってきて、奉天の治安も少しずつ回復していった。

春日町には露店が並び、男性は買い物に出かけられるようになった。そんな折々に母は、

「トモ子をおんぶして行ってくださいませんか？」

と、お願いした。私を少しでも日光に当たらせたかったのだ。

日本人の内地送還の見通しは依然としてたたない。所持金も残り少なくなってきたので、和菓子を作って売ったらどうかという話になった。幸い、豆類と砂糖は手に入ったので、まず大豆で白餡を作り、まわりにうずら豆をくっつけると〝鹿の子〟のようなものができた。三井物産の奥さまたちといえばお嬢さま育ちばかり、それまで和菓子を自分たちで作ったことなどない。だからちょっとヘンテコな格好だったが、奉天工大の学生さんたちが街に売りに行くと飛ぶように売れたそうだ。その頃はみんな甘いものに飢えていたのだろう。

ひとつしかない電熱器で餡を煮ているそばで、私は鍋のつまみや糸巻きの芯で無心に遊んでいた。母が小さな声で童謡を歌うと、嬉しそうにリズムに合わせて手足をバタつかせた。

「もしもこの子を無事に日本へ連れて帰ることができたら、私は生涯、自分自身に対する

望みごとはいたしません」

母は心の中で神さまに誓ったという。

突然決まった引き揚げ

奉天の春は、ある日突然やってくる。木の芽が膨らみ、燦々《さんさん》と太陽が注ぐ五月になると、街路樹はばりばりと一斉に葉を広げる。顔見知りの満人たちが三井寮に訪ねてくるようになった。

八百屋で洋車《ヤンチョ》引きだった王《ワン》さんもそのひとりだった。食料品店の主人になっていて、いつも裸足だったのにゾロッとした支那服を着て現れたので、皆はびっくり。勝者の満人と、敗者の日本人。それは立場の逆転だった。

王さんは私が大変気に入ったようで、毎日のようにやってきてはかわいがり、ある日とうとう母にこういった。

「奥さん、赤ちゃんを売ってください」

日本人の子どもは頭がいい。そんな話が満人のあいだで噂になっていたのだという。三井寮で一番売れ行きが良かったのが私だったそうだ。なかでも最後まで熱心だったのが王さん。何度断っても引き下がらない。

「でも奥さん、もし日本に帰れるようになっても、小さな赤ちゃんは途中できっと死んでしまう。私、大事に育てるよ」

王さんは諦めようとしない。なぜ王さんは私が欲しかったのだろうか、聞いてみたいと今でも思う。王さんの熱望に母は本当に困ったようだ。

五月下旬、内地送還が突然決まった。第一陣は奥地から奉天に避難してきた人々。第二陣は現地応召の留守家族だ。

赤ん坊を抱える身ではわずかな荷物しか持てない。引き揚げ船の出る葫蘆島《コロとう》までの道は厳しいものになるだろう。私を背中におんぶしたら顔が見えないから、死んでしまってもわからない。母はカーテンなどの丈夫な布を重ねて縫って袋を作り、自分の身体の前につけて私を入れていくことにした。母のオリジナルである。さしずめカンガルーの親子だ。今でこそ、前に赤ちゃんを抱えるのは当たり前だが、当時はまったく見かけないスタイルだった。

母は背中にリュックを背負い、手にはバケツと食料を提げた。父のものは万年筆、手帳、戦地から来た葉書を油紙に包んでリュックに入れる。大内さんは縦長のリュックにご主人の背広一揃いなどを入れ、大内さんの上の子で四歳になる宣子ちゃんは、自分の身体と同じくらいの大きなリュックをしょった。

第二陣の出発は五月三十日だった。

「頑張ってね。またきっと会いましょう」

「皆さんもお元気で！」

十ヶ月一緒に暮らした人たちと別れて北奉天駅に向かう。出発の馬車《マーチョ》のそばには、王さんが待ち構えていた。

「奥さん、赤ちゃん置いてゆきなさい。死んでしまうよ！」

私の手を取り、王さんは真剣な表情で最後まで母を説得しようとしていた。馬車が動き出す。王さんも一緒に走り出す……。とうとう諦めた王さんは、紙に包んだ飴玉を私の小さな手に押しつけた。当時、飴玉は大変な貴重品だ。王さんは目に涙を浮かべて、手を振り続けていた。

「王さん、ありがとう。あなたの気持ちは忘れません」

母は胸がいっぱいになったという。

のちに肉親探しで来日した中国残留孤児の方々のニュースを見るたびに、母はこういった。

「あの時、売ってくればよかった」

「売ってくればよかったのに」

売り言葉に買い言葉。しかし母は王さんの思い出をたびたび語っていた。あの時代、あの状況では、わが子を現地の人に託すことも、子を思う同じ心だった。

もしかしたら、私も中国残留孤児になっていたかもしれない。そうしたら京劇のスターくらいにはなっていたかしら？　いずれにしてもまったく違う人生を歩んでいたことだろう。連れて帰ってもらってよかった。

ボロボロになって日本に帰り着く

北奉天駅から乗りこんだ無蓋貨車の中は、引き揚げ者でぎっしりだった。私が潰されないよう、母は肘《ひじ》を張ってかばっていたが、気がつくと前の男性が支えになって私たちを守ってくれていた。難民といっても、ここにいるのは全部日本人なのだと思うと、なんともいえない安心感を覚えたそうだ。

ときどき原野の真ん中で汽車が急に止まる。貨物車を残して機関車だけが先に行ってしまう。

「どうしたのかしら？」

不安に思っていると、誰かがお金や貴重品を集めに来る。ひとまとめにして〝掠奪者《りゃくだつ》〟に渡すためだ。貨車が深夜の原野に置き去りにされると、生きた心地がしなかった。

集落のあるところでは、汽車から降ろされて持ち物検査だ。金目のものはみんな持って行かれてしまう。炎天下を延々と歩かされ、使役と称して溝掃除のようなことをさせられたりもした。たいした意味もなく、たぶん〝いじめ〟だったのだと思う。私も大内さんの赤ちゃんも汗疹《あせも》ができ、目に見えて弱ってきた。宣子ちゃんはリュックが重くて動けなくなり、ベソをかきながら引きずってついてきた。

せっかく生まれてきたのに、美味しいものも知らず、美しいものも知らず、ただ死んでゆくのかもしれない私のために、母は精一杯の笑顔で接し、耳もとで美しい声の子守唄を歌ってくれた。精一杯の笑顔、きれいな子守唄。それを私は覚えている。覚えていると思っている。

奉天から錦州《きんしゅう》まで直行すれば半日ほどの行程なのに、結局五日もかかり、ぼろぼろに疲れ切ってようやく目的の地にたどり着いた。

葫蘆島から船に乗れることになった。船の名は雲仙丸。そのタラップの下に白人兵がいるのを見て母は思わず逃げようとしたが、それはソ連兵ではなく、アメリカ兵だった。アメリカ兵は弱り切った女性や子どもを抱きかかえるようにして荷物を持ち、タラップを上り下りしてくれた。地獄で仏に会ったような驚きで、母は一瞬、海外で過ごした娘時代の〝レディ・ファースト〟の場面を思い出したという。

「汚い格好ですみません……」

恐縮しながら手を引いてもらったそうだ。

人いきれと暑さで息苦しい満員の船底に、なんとか自分たちの座れる場所を見つけてへたりこんだ。

食事は高粱《コーリャン》の赤いご飯に、薄い味噌汁。汁には新聞紙のようなものが浮いていた。それが乾燥キャベツだと聞いて、内地も大変なのだと思ったという。

船内ではひっきりなしに「リンゴの唄」のレコードがかかっていた。初めて聞く戦後の日本の歌だったが、なにかあまりにも当時の自分たちの状況とは違いすぎていて、母は一緒に歌う気にはなれなかった。のちにコロムビア専属になった私が、この「リンゴの唄」を歌った並木路子さんと一緒にステージに立つようになるなんて、本当に運命は不思議なものだ。

五日ほどの航海で雲仙丸は博多沖に着いた。博多港の係の人たちは、私たちの格好があまりにひどいので、

「まるで浮浪者だな。昨日着いた上海や大連からの引き揚げ者は、もっとまともだったがねえ」

とあきれていたそうだ。おじさんたち、まさかその中にのちの大スター？　の私がいたとは、ご存じあるめえ。

博多っ子の大内さんとはここで別れ、私たちは東京の母の実家に向かった。

ようやくたどり着いた母と私を見て、祖母はしばらく幽霊でも見るような顔でポカンとしていた。というのも、

「お孫さんは残念ながら亡くなりました」

と事前に三井物産から知らせがあったのだ。

実際に赤ちゃんは次々と亡くなっていた。引き揚げ船の中でも、嗜眠性《しみんせい》脳炎が流行った。乳飲み子が亡くなると、母親が海に葬る。死んでしまった子をどうしても抱きしめて離さないお母さんがいれば、他のお母さんがその子を奪うようにして海に投げ入れる。そうしなければわが子に感染《うつ》るかもしれないのだ。それは地獄のような光景で、母はその時の声や音がずいぶん後になってもよみがえってくると話していた。

だからそんな誤報が祖母に届いたのだろう。引き揚げ船の中で生き残った乳飲み子は、大内さんの息子と私の、たった二人だけだったのだ。

母は私をひとめ祖母に見せたいと思い続けていたものの、その私は全身にひどい汗疹ができて痩せ細り、目だけが大きく、可愛かった面影はどこにも残っていなかった。祖母が私を見ての第一印象は、

「干からびたカエルのような子」

だったそうだ。

玄関の式台にそっと、遠慮がちに下ろすと、私はぐったりとして息も絶え絶えの状態だった。

「このお子さんを育てるのは大変だな……」

あわてて駆け込んだ病院で、お医者さまに思わずため息をつかれたという。

父の行方はまったくわからなかった。ただ奉天で避難していた頃、母は見知らぬ人から、

「ソ連軍の捕虜になったが俺は元気だ」

という伝言を受け取っていた。シベリアにいるのだ。母は、父が必ず生きて日本へ帰ってくると信じて疑うことはなかった。

第三章 私のケアノート

介護日記代わりのメモ

母との戦いにへとへとになっている私に、友人が助言を授けてくれた。

「悔しくなったらメモをとりなさい」と。

「本なんて出す気ないわよ」

「そうじゃなくて、〝馬鹿！〟でもいい、〝死ね！〟でもいい、面と向かっていえないことを紙に書くのよ。そうすれば楽になるわよ」

彼女も母親の介護経験者なのだ。

私には座っている余裕もないのに……。とにかく勧められるまま実行してみた。最初のほうのなぐり書きは、自分の字だけど読めない部分もある。

平成二十八年六月六日

私は車の中で倒れた。息が苦しくて苦しくて、金魚のように口をパクパクさせた。掛かり付けの医者はその日は休日。飛びこみで大橋の東邦医大に行ったが、診察券も持っていない、自分がどこが悪いのかわからない。看護師さんらしい人に息も絶え絶えに自分の症状を訴えると、脳神経科でしょうといわれる。行ってみたら患者が廊下にあふれていた。

　こんなに体が悪い人が多いのか。そういえば私は紹介状を持たずに行ったことがないので、病院で待たされたことがなかった。症状がどんどん悪くなる。一時間半ほど待たされただろうか？　病院は健康な人でなければ行けないところなのかしら。体力が無いと耐えられない。診断は過呼吸と、極度のストレス障害だと。

　後日、ＭＲＩを撮るといわれる。一時間半待って、三分の診療。皆さんがいってたのはこれだったのか。医者はパソコンだけ見てた。私は今まで特別扱いされていたことを初めて知った。すみません。

　歩いて病院に行ったのに、帰りは車椅子。もう苦しくて立っていられなくなっていた。お金を払うため、車椅子で順番を待っていると、おばさんの大声、「あら、お父さん、松島トモ子よ」。ご主人は、「ウン知ってるよ」。またもやおばさんの大声、「老けても面影が残っているわね」。フン！

七月十一日

私は処置室に入れられていた。ふだん血圧は上が九十なのに、今日は上が百四十。具合が悪いわけだ。点滴と注射を受けたが、携帯をそっと見るとその間、着信が一杯入っている。

「母になにかあったのか」

病院を出て、急いで電話を入れると、「永さんが亡くなられました。コメントを」。永六輔さんの死である。まずは朝日新聞からだった。覚悟はしていたが、こんなに早いなんて……。私はといえば弱った身体に追い撃ちがかかり、哀しみに耐えられない。家にはテレビ、雑誌、マスコミの方が集まっていた。

本当は七月七日に亡くなっていて、ご家族の意向で七月十二日に発表される予定がどこからか漏れた。永さんから常々いわれていたのは「自分が都合のいい時だけ、取材を受け、都合の悪い時は断る、というのはおかしいじゃないか」だった。

身体はフラフラだったが、ちょっとお化粧直しの時間だけもらい、取材を受けた。永さん、これで良かったのですね。

七月二十二日

元民生委員と私、介護保険の利用の相談。在宅サービス計画の依頼。

八月五日

二階の母の部屋のトイレなど確認してもらう。ケアプランに同意。でも正直なところ、この時点では何もわからず。

ケアマネージャーの宇佐美さんはちゃんと説明してくれたのに、私の頭はパニック状態。どうしよう、どうしよう。ちゃんと聞いていなかったと思う。十月のコンサートを正式にお断りする。無念だ。

八月九日

母から腹痛の訴えあり。看護師さんに来てもらう（摘便《てきべん》）。

八月十九日

お金の算段がつかず自宅の売却を考える。まだ私が母の部屋に泥棒に入る前のことだ。

母と私が、一緒に引っ越すか、母が施設、私がマンション……。母の荒れ方を見ると同居は無理では……。ケアマネに相談。

八月二十日

母が往診やら訪問者に強い拒否反応を起こし、夜に家を飛び出す。

十一月九日

母の夜中の錯乱状態をケアマネに訴えるが、どうやら私の方が錯乱しているようだ。どうしよう、どうしよう。犬がシッポを追いかけ回している状態。何も前に進まない。

（解説・この頃、私は母の認知症をまだ心の中では認められなかった）

同日

幻覚があり、母は風呂から飛び出し大騒ぎ。

十一月十一日

認知症の専門医、ふくろうクリニックの橋本昌也先生に、母のこと私のことを話す。おもに元民生委員の方が状況を説明してくださる。こういう場面では全く私は役に立たない。

十一月十七日

右眼の激痛、またもや元民生委員に助けを求める。感謝感謝。

十二月六日

橋本先生の初回訪問。母は猫をかぶったようにおとなしい。なんなんだ、これは……。

私がウソついたみたい。

十二月十九日

診察の結果、要介護4の認定となり有難い。使えるサービスが多くなる。泊まりの仕事も考えたいので、ショートステイのことも相談。橋本先生にお逢いできて目の前があかるくなった気分。「レビー小体型認知症」と病名がつく。

「どんな娘さんですか?」と先生。

母の答え。
「昔から意地悪でした」

十二月二十日

家の売却についてはもう少し考える。
(そう書いてあるが、どこからかお金が見つかったのかしらん? 今読み返すと思い出せない)

平成二十九年一月一日

お正月が来たことも忘れていた。介護が始まって初めてのお正月。

一月五日

デイサービス見学。帰宅後、母の血圧が高い。

一月十日

ショートステイのため血液検査の了解はしたが、母がショートステイに耐えられるか?

判断できない。

一月十八日

この頃宇佐美さんに排便介助の相談を何回もしている。口から食べてくれることは嬉しいが、それが排便につながる。最初の頃はいちいち寝込んでいた。これが老老介護の現実。赤ちゃんは育つが、母はしぼんでいき、第一可愛くない。

（排便介助は三年以上たっても慣れない。見ているとプロの手際は見事だ。本当に慣れていて、なんでもないのかしら。そんなことはないはずね）

二月四日

千葉県からポピーが百本送られてきた。母は美しいものが大好き。（母は）見事に花瓶に活けた。オレンジ、黄色、白、何だか気持ちまで優しくなる。一階にいたケアマネさんを、母は二階まで案内して自慢していた。「素敵ですね」といわれると、とても嬉しそうな笑顔を見せた。荒れ狂う母と、優しい母と。ふたりの母と暮らしているみたい。

夜になると変調をきたすことが多い。

二月●●日

新しいデイサービスに行く。概《おおむ》ね落ち着いて参加しているようだが、十五時過ぎになると、母は帰宅願望が出るそうだ。何度もスタッフに声をかけて、順番があるからと説得されているようだ。今度からはおむつを二組持ってくるよういわれる。手芸作品は、なかなか素敵だ。軽い運動もしているようだ。

二月十六日

訪問看護師がたびたび替わるのもわずらわしい。でもそれはどこでも同じ。人手不足なのでより良い待遇の方へ行くらしい。でも毎回のように違う方ではね。私は仕事以外では初対面の人が苦手。

ケアマネージャーが来てくれた。この方に会って話を聞いていただくだけで心が楽になる。とても良いお声の方だ。訪問看護師のサービス提供時間は、基本的にはケアマネージャーが本人家族と相談してプランを立てる。それに伴い訪問看護が必要であることを確認し、計画に入れる。その際看護師にどのような支援をして欲しいのか、また支援できる内容を計画書に盛り込み、同意を得て実施する。

ふくろうクリニックの橋本先生と看護師の連携が取れていないので、薬のことなどいちいち家族（私ひとり）に聞いてくるのでわずらわしい。というと、そのこともわかったといってくださる。

母のデイサービスをのぞきに行く。ちょうど昼食時間。母は昼食準備の間、待ち遠しいらしく箸を持ったりしている。アレアレ。全員揃って食事になる。隣に座った方と楽しそうに話してる。私を見て手を振ったりして、嬉しそうにしている。まるで授業参観だ。帰宅前に、何回か〝帰りたい〟のアピールをしたようだ。

母はこの頃よくトイレで転倒する。でも体の硬い私と違って、柔らかく猫のように転がる。みぞおちのあたりが痛いという。

デイサービスの施設から私に連絡あり。会いたいとのこと。ケアマネージャーに同席してもらう。個別機能訓練加算が出ているので、自宅を訪問し、様子を確認したいとのこと。担当者の青年が可愛くて、趣味でストリートダンスをやっているとのこと。我が家の稽古場を見せてあげたら、「ワアー」と驚いていた。

しかし、彼は何を説明したらよいかはっきり把握できておらず、宇佐美さんと私がさんざん突っ込んであげた。かわいそうに。
「だから さ、個々の体調の変化や動きを見ながら、今後も無理のないリハビリを継続するってことでしょ?」
「ハ、ハイ」
マーちゃんが右手首骨折。大打撃だ。

二月二十一日
デイサービス施設の人、ケアマネと来宅。母は体調的には落ち着いている。歩行不安定ではあるが、施設では何でも参加しているようだ。やはり手芸が好きで、きめこみ細工を作っている。完成品が額縁に入っている。「ワアーかわいい豚」。犬だそうだ。

二月二十六日
デイサービス体験、帰宅後血圧が高い。人見知りの母は緊張を強いられるのかしら。

三月七日

マーちゃんが手伝いを再開してくれた。大きな問題もなく今のところ上手くいってるが、三人のうち一人が欠けたらお手上げ。ヘルパーさんを勧められたが、他人に家に入ってもらうのは抵抗あり。私はきっと、市原悦子さんのドラマ「家政婦は見た！」の見過ぎでしょうね。

私がほとんど毎晩お風呂に入れているが、入浴中の立ち上がりが困難になり、今やマーちゃんに手伝ってもらっている。母が弱ったのか、私が年取ったのか。まあ両方でしょうね。入浴介助は相変わらず拒否。ショートステイの最初の時に怖い思いをしたらしく、二度とダメ。

ショートステイへの不安

三月二十二日

ショートステイについて母の考えを聞く。騙して連れていってもよかったが、私は納得してもらいたかった。「ママがお泊まりしてくれないと、私は仕事ができないの。そしたらここのお家にいられないのよ」。「なんで邪魔なの？　私も一緒に（お仕事に）行く」。どうしても納得してくれない。その夜、母の「一緒に死んでくれ」発言。頭の中がつながっているのだろうか。

四月十四日

五月十七日の私の定期コンサートへ、母を同行して大丈夫かどうかケアマネに相談する。なるべく楽屋のトイレ近くの席にして、マーちゃんやら知り合いをはべらすことにする。

四月二十日

リハーサル中に電話、デイサービスからものすごい尿臭だといわれる。私、激怒。「そういうことに対応するのもあなたたちの仕事でしょ」。

デイサービスを即日止めさせた。

（久しぶりのコンサートの恐怖心。まだ介護一年生の私。今ならもう少し違ったでしょうね。でもデイサービスに連れ出すのに何ヶ月かかったか！　そのへんもわかってほしかった）

やっと私も体重が増え、前と同じ声が出るようになる。

（私の部屋にステージ衣装をぶら下げ、これを着てまた舞台に立てるように毎日祈っていた。ネイルもやめ爪を短く切り、惨《みじ》めったらしくなった指に、全部ありったけの指輪をして、寝ていたこともある。あれはなんだったのだろう。私はもう一回舞台に立ちたい！　どんどん汚くなっていく自分に抵抗していたのかもしれない）

家の稽古場でリハーサルが始まると、ピアノの音に母が降りてくる。スタッフの眼の前で母が粗相をしたこともある。でも今や、私はそれを恥ずかしがったり隠したりしない。老いは誰にでもやってくる。それよりも母が、ピアノの優しい音に誘われて稽古場に来てくれる方が嬉しい。そして認知症になった母のことを、スタッフも好きになってくれればもっと嬉しい。

五月十一日

浴槽に手すりをつける。

六月九日

新たなデイサービス施設の見学。

ショートステイのことは不安で不安で、私はケアマネに何度も同じ質問を繰り返したらしい。結局私の頭の中はパンパンで考える余裕もなかったみたい。要するに聞きたくないことは聞きたくない。

七月十九日

ショートステイ八月四日〜六日で申し込みする。今後うまくいくかどうか、これにかかっているともいえる。

八月六日

結果はオーライ。私が心配のあまりショートステイ先に電話したのだけが失敗。「お母さまは、トモ子に騙されたとおっしゃってハンドバッグを持ってずっと待っていらっしゃいます」。私はケアマネージャーに電話して、「連れて帰ります」。ケアマネージャーは「いいですよ、でもあなた本当に仕事する気あるんですか？」。
二泊三日、私は一睡もできず家でビショビショ泣いていた。なのに母はスッキリしたお顔でお帰り。

八月九日

私の疲労感が相当ひどく、ケアマネからもっとショートステイを取ったらと提案。今まで私の泊まり仕事がある時だけであったが、「もっと自由に考えたら？　ハワイに行く家族もいるのよ。自分の時間をとって休息するため利用なさい」だって。そんなこと考えたこともなかった。私はわがままであると自覚しているが、案外、真面目なようだ。ひとりで、ひとりでと肩に力が入り過ぎていたのかもしれない。
緊張状態で介護されると母も疲れるだろう。昔の子役時代はいざ知らず、こんなに長い時間、母と接触していたことはない。

十一月十五日

母転倒、痛み続く。この頃よく転ぶようになる。

新しいデイサービスでも、母は私と同じで人の好き嫌いが激しい。正気の時は全く出さなかったが、認知症になると本音が出る。好きな人にはおむつ交換をさせるが、嫌いな人には突然拒み、怒り出すらしい。だからきっと嫌いな人だったのでしょう。おむつがパンパンになって帰ってくる時もある。

今後は気分を損ねないよう誘導したいといわれる。申し訳ありませんね。母はどうもデブの男は嫌いなようだ。やせてシュッとしているのがいいらしい。ヤレヤレ。

私の葛藤は続く

平成三十年一月十八日

八戸で日帰りの仕事。夜戻ったら、マーちゃんと母が口論していた。私の姿が見えないので不安だったのでしょう。

三月七日

自宅売却もやめ、有料老人ホームについても迷っている。お金の工面もできた。特別養護老人ホームの入居も説明されたが、母の自宅にいたいという強い要望は痛いほどよくわかる。今は大きな問題もなく経過しているが、マーちゃんも手伝いの人も高齢。一人倒れても立ち行かなくなる。状況は「熱いトタン屋根の猫」状態で推移している。

三月二十四日

特養老人ホームの申し込みをする。何やら二年ほどかかるらしい。私がしぶるとケアマネは、「お金がなくなっちゃうこともあるんですすよ、申し込んでおきましょう」。頼もしい。

私の体調は最悪。しょっちゅう倒れる。でも母の介護だけはしなければ。

五月二十八日

母の排泄《はいせつ》の失敗がまた出ている。室内にポタポタ落としたり入浴中に浴槽の中に浮いていたりしている。また、ボイラーのスイッチをいじるので困ってしまう。自動的に供給が止まる設定にしてあるが、そうすると（給湯を）再開するのに時間とお金がかかる。

八月二十二日〜二十七日

二度目のショートステイ。

二十二日夜十時に電話がかかってくる。

「不穏時はどう対応したらよいか？」との問い合わせ。

ナニィ？　そのような時の薬や主治医の連絡先も伝えた。私にとってショートステイとは泊まりの仕事が入っている時か、または束の間の睡眠を取れる大事な時間なのだ。「薬を飲まないといったって、あなた方プロでしょ。私はなんとかやってきましたよ」。でもその日はどうしても飲まなかったとのこと。一度嫌といい出したらなかなか難しいのはたしか。夜間の看護師がいなくて、現場が混乱したらしい。大手の有名な有料老人ホームなのに。

本番直前にたびたびケイタイ電話をかけてこられるのも困る。心臓が止まりそうになる。死んだか、転んだか。でもコンサート、講演などのときは、たとえ母が死んでも二時間はお客さまを置いて帰れない。ある時の用件は、「下着を洗ってもいいですか？」「下着は何枚持ってこられましたか」こっちにとってはどうでもいいこと。思わずカッとするが、母がお世話になっているんですもの。どうぞよしなに。

ケアマネに、「本番当日に電話されると支障があるのでかけないで欲しい。本番が終わればかならず様子確認の連絡をします」と伝える。すると「他の利用者さんからそんな苦情はない。あなたの仕事は特殊なのだから全てが満足というわけにはいかない。優先順位を決めて、これだけはお願いしたいということを決めてください。それ以外は少し我慢しなさい」といわれる。お説、ごもっとも。

私も今までひとつも悪いことをしてないとはいえないが、何の罰なのか、これではサクセスストーリーの逆バージョンだ。「シンデレラ」が「灰かぶり娘」に、「白鳥」が「みにくいアヒルの子」に。私は生まれた時はシンデレラだったのに、今や洗濯物とおむつを抱えて走り回っている。「トモ子は何もできない、スター後遺症だ」といった永六輔さんにお見せしたい。見よ、このかいがいしいお姿。朝五時におむつを取り替えに行く時、もう飽きちゃっておむつを頭にかぶって、「ママ、オハヨー」。

敵はムンクの「叫び」みたいな顔で寝入っている。おむつだって、昼バージョン、夜バージョンがある。夜用はかなり分厚い。それでも漏れるので、おむつに紙シートを貼る。それを母は引っ張ってはがす。それで怯《ひる》むトモ子ちゃんではない。マーちゃんに頼んでシートを糸で縫いつけてもらう。これはなかなかの技だ。ケアマネの宇佐美さんに得意になって見せる。グッチだ、シャネルだといっていた人は、今いずこ。

振り返ってきつかったこと

改めてこのノートを整理しながら、私は誰かに依存するタイプなのだと思う。小さい頃は母に頼り、それとは別にある時からは、ひとりの女友達に頼っているところがあった。でも母が正気を失ってからは、一年半ほど彼女にも母の認知症を隠していた。友達ではあるが二人とも電話が苦手。若い頃は頻繁に手紙を書いていた。電話は一年に数回。面白いこと、楽しいことがあると、彼女に聞かせて、きれいな声で笑ってくれるのも、嬉しかった。彼女は、私が自宅介護をするのに反対だった。

「あなた家事なんてできないじゃない。プロに任せなさい。素人には無理！　特にトモ子には」

彼女は本当に親身になって、いろいろ施設も調べて資料を送ってくれた。彼女のお母さまは施設で亡くなったのだ。私はまだ世間には母の認知症を隠していたので、堰《せき》を切ったように彼女に電話をかけた。ほぼ一年間、毎日。あの時私は相当おかしくなっていたように思う。美しい声を聞かないと何かが崩れてしまうように思い、彼女にすがっていた。彼女は本当に優しかった。私の愚痴を飽きずに聞いてくれた。しかし彼女は施設を勧め、私は自宅介護を強く主張する。なかなか考えが交わらない。私は母の認知症をまだ本当には認めたくなかったのだろう。不思議と正気に戻ることがあったのだ。

「うん、うん」と彼女の言葉を聞きながら何ひとつ実行しない私に、ついに彼女がブチ切れた。

「あなたは私に依存しているのよ。あなたは精神がおかしくなっている。正気のあなたは電話なんてかけて来なかったじゃない。病院に行ってらっしゃい！」

本当にその通り、私は頭がおかしくなっていたのだろう。そして腹の底では、かつて母親を施設に入れた彼女に優越感を抱いていたのかもしれない。私はこんなに大変なことをやっている、と。考えてみれば私は彼女の大切な時間を奪い続けていたのだ。

毎月初め、私の家にデッカイ段ボール箱が届く。おむつがぎっしり詰まってる。でもこれだけでは全然足りないのだ。よく昔、役者さんが「これからはおむつ代を稼がなきゃ」と言ってたのを思い出す。本当のことだったんだ。でもこの会社儲かっているだろうな。

赤ちゃんのおむつ、老人のおむつ、犬・猫のおむつ、そして生理用品も作っている。こんなに紙を使って大丈夫なのかしら？

私は昔、この会社提供の深夜のラジオ番組をやっていた。こうして今もお世話になっている。ありがとうございます。

今、母は介護ベッドにいて、動くのはリビングくらいだが、我がスタッフ……すなわちマーちゃんと、日々手伝ってくれている人は、私とはおむつの替え方が全く違う。私は右にゴロン、左にゴロン、あっちこっち母の身体をひっくり返すので、マーちゃんは、「トモちゃんは鯛焼き焼いてるみたい」。

どうやらこれは背丈に関係するみたい。マーちゃんは私より小さいので、母に立ってもらいするりと剝いている。手伝いの人は背が高いので、介護用ベッドを上まで上げて自分の腰に負担がかからぬようにしてするりと、上手い。介護するにはチビではキツイ。

母のベッドには片側に落ちないように柵が差し込んであるのだが、この間、これを乗り越えたのか反対側の柵がない方から落ちたのか、私を迎えに出ようとして、はいずってきた。だからもう片方にも柵を付けたいと頼んだら、拘束になるから駄目という。

「何言ってやんでェ」、私は夜中、何回も見に行ってるのだ。私に全く寝るなというのか。

一瞬も目を離さないなんてできっこない。誰がそんなことを決めたのか。昼間は片方の柵を開けておくからということでやっと了解を得た。

母がまだ年中、家から飛び出していた時、上手に鍵を開けるので、母の見えないところに鍵を付けたいといったら、それは監禁になるから難しいといわれた。これからますます老老介護が増えるのに……。家族になるべく負担をかけないようにしてもらいたい。なのにこれからは人生百年の時代だって！

「何言ってんの」

母と二人きりの貴重な日々

当初、私が母をお風呂に入れていたが、だんだん無理になってきたので、訪問入浴をお願いした。デイサービスでもショートステイでも全く拒否していたので心配したが、実際これはなかなか便利なものですね。

三人で一チーム。男性一人と女性が二人。お風呂は子どものビニールプールのデッカイ型で、長方形。その中にお湯をなみなみと入れ、ハンモックのようなものに母を入れる。大きなバスタオルで母を包み、裸は絶対さらさない。ベッドから母を抱え上げてハンモックでプールに入れるのがお兄さんの役割。母が入っている時は「後ろを向いています」と彼。洗ってくれるのは女性二人。ひとりが看護師、あとの一人が介護士。母はぷかぷか浮いて気持ちが良さそう。今日は黒川温泉、クールミントの湯、ラベンダー、入浴剤はお好み次第。見ていた私が、

「私も入りたいナー」

といったら皆笑っていた。「もうすぐですよ」といいたかったのかしらん。私の乱暴な入れ方より、とてもいい。シャンプーもしてくれる。

母は他人から入浴介助をされるのを頑《かたく》なに拒否していたのに。あんなに素直に入るなんて、びっくりした。レビー小体型認知症は環境が変わるのが苦手。自分の部屋での入浴だからすんなりいったのかもしれない。

母は人見知りと思っていたけど、本当は私のほうが、他人に家に入られるのが嫌だったのかもしれない。これからは人に頼めるところは頼んで楽にしよう。何年続くかわからないんですものね。

私が母のことを自宅介護していると知れると、講演の依頼が多くなった。演題は「九十八歳の母と暮らして」。皆、今現在苦労している方が多いので、真剣に聞いてくださる。私も何かのお役に立てればと一生懸命話すが、ひとりひとり皆、事情が違うのだ。

「みんな同じでみんないい」は、私は好きではない。金子みすゞさんの詩があるでしょ、「みんなちがってみんないい」。みんな同じじゃ気味が悪い。

私はこんな濃密な時間を母と過ごしたことはない。子役時代はいざしらず、三十歳を過ぎてからは、十数年間レポーターとして海外を飛び回っていた。ハンドバッグの中には、いつもパスポートが入っていた。日本の空港に着いたら、すぐカナダに飛んでくださいといわれたりした。あの頃はまだ英語をしゃべれる人が少なかったので、留学経験のある私はずいぶん重宝された。当時テレビ局はお金があったから、二週間、三週間、日本にいないのはしょっちゅう。母もその間はお友達と旅行をしていたみたい。それからも一緒の家に住んではいたが、仕事が忙しく、母とあまり会話はしていなかったと思う。母からクレームがつき、出かける時のお化粧は母の部屋ですることを約束させられた。その間、会話ができるから……。旅先からは必ず電話をしたが、手伝いの人が母を呼ばずに切ってしまうとずいぶん怒っていた。

今の我が家は、母ファースト。マーちゃんは当然としても、手伝いの人まで母の食べそうなもの、喜びそうなものを買ってくる。私が美味しそうねというと、

「あら、トモちゃんも食べるの？」

私を中心に家が回っていたのは三年半前まで。そのうちに私の居場所がなくなるかも。

母が正気の頃「寒いわね」というと、そのころの私は黙って暖房の温度を上げていた。すると母は、「寒いわね、といったら、『本当、寒いわね』って会話がしたいのよ。風情がないわね」。

今は仕事がない時や土・日は、母と二人っきりのことが多い。食事をさせて、おむつを替えて二人でボーッと座っていたりする。かつての母はきっと、こんな時間が欲しかったのだろう。母が私の手をそっと触ってくる。私が、

「それは皮です」

「皮？」

「人間は、一枚皮でできているのです」

なんてこった。もう少し風情のある会話ができればいいのに……。

ま、人間あまり変われませんものね。

満月の夜、月があまりに美しかったので、庭のところまで母をゆっくり連れ出した。

「まあ、きれい」

母は長い間、お月さまにお祈りをしていた。何を祈ったのかしら。そういえば、母と私はシベリアで父が眠っているであろう場所に、日本がいちばんよく見える方向に卒塔婆を立てた。その前で母は長い長い間お祈りをしていた。何を話していたのかしら？　お月さまと卒塔婆がだぶって見えた。

次の満月の時も、お月さまを見せに庭に連れ出したら、寒いといって家の中に入って行った。母の頭の中はどうなっているのかしら。

母との暮らしは大変だけど、これは神さまが私たちにくださった貴重な日々なのかもしれない。

でも三年半、ずいぶん疲れた。マーちゃんが微妙な間合いで、

「お姉ちゃま、幸せそうだから、このまま家におこうよ」

私の機先を制する。

ある日の母との会話。

「ママ、生きていて幸福？」

母「ウン」

「ママ、幾つになられましたか？」

母「ウーン」一生懸命考え込んでいる。

「あなたの娘さんは七十三歳になりましたよ」

母「じゃ、私は七十四歳」

「じゃママは私を一歳の時に産んだの？　ずいぶんおませさんですね」

母「ウフフ」と笑っている。

私は今、仕事を引き受ける時、その日もし母が死んだらどうする？　と考える。四歳からプロになり、この商売は親の死に目にもあえないと、耳にタコができるほど聞かされてきた。でも仕事って親の死より大事なのかしら。すっかり私に頼っている母を見ると悩ましい。

お金のこと

私が介護一年生で、一番体調の悪かった頃は、パニック障害、過呼吸、介護によるストレス障害、何も食べられないので七キロ減で三十三キロ。幽霊のようにふらふらしていた。あちこちから督促状《とくそく》が飛び込んでくる。見たこともないものだ。「何だ、これは？」なにやら「早く払え！」といっているらしい。自慢じゃないが四歳から仕事をしていた私、我が家の経済は祖母が握っていた。祖母が死んだ後はこの役割が母へ移行した。

二十歳過ぎ、おおいに売れていた私だが、お財布にはいつも三万円也、無くなるとまた三万円入っていた。これより値段の高いものは母が買う。

結婚のチャンスも無く、子どものいない私は七十過ぎてからも全く我が家の経済状態を把握していなかった。母がどこの銀行へ行ってたのか、郵便局の扱いすら知らなかった。「お金はいったいどこにあるの？」悪いことに母の部屋は独立している。数年前から他人の掃除も断り、自分で片付けるといい張っていたのだ。

預金通帳はどこだ。土地の権利書、何とかファンド、ハンコ、カード。色々あるはず。まるで見当がつかない。でも絶対母の部屋にあるはず。母の部屋にこの私が泥棒に入るのか？　探しものは苦手中の苦手。自分のものでも見つからないのに……。

何年も前、クリスマスの頃、我が家に泥棒が入った。まず私の部屋のひき出し、ここにお金が入ってますヨと教えているような定位置に、お金の余分のなかった私はへそくりをしていたのだ。それを取られ、宝石やら時計やらは、全部ひっくりかえしているのに手つかず。五百円玉も何もかも、ついでにパスポートも持っていった。

そしてメインの母の部屋、この時しっかり見ておけばよかったのに……。でも、何もかもひっくり返した状態で、よく「泥棒が入ったような」とはいうが、いやいやすさまじい。窓ガラスもハンマーのようなもので割り、ドアも叩き割って、入ってきていた。

「これは外国人の仕業ですな。荒っぽすぎる」と警察官はいう。盗ったのは現金のみとパスポート。出てくるわけはない。それなのに丁寧に指紋もとって、たっぷり白い粉をふりかける。私と母の部屋だけではない。日本間の簞笥のひき出しも全部引きだし、着物も放り投げている。私は警察官が片付けていってくれるのかと思ったら、「それはそちらの方で……」「あの白い粉は?」「明日まで置いておいて、あとはご自由に」お金はもどらず、片付けも自分で、ナンダ、ナンダ。母がいくら現金を置いていたのかは知らねど、その後、家を片付けるのと、家を直すのにずいぶんお金がかかった。

私の友達にいわれていた。

「ママが年を取ったら、お金は自分で管理するのよ」

その頃の彼女とお母さまとの修羅場は逐一聞いていていた。お母さまはお金が欲しいのではなく、娘とかかわっていたい。もうひとことといえば縛っておきたかったのだろう。

まだ母はデイサービスにも行っていない、狂乱状態のまっただなかだった。母の部屋にはうっかり入れない。もともとは私のお金なんですがねー。直談判するしかない。

「ママ、預金通帳、カード出してください」

「何でそんなことしなきゃいけないの？　私はちゃんとしてます。ドロボウ、ドロボウ」

と大立ち回り。

しかしその時、母はもうお金のありかを把握できていなかったのではないか。唯一のプライドであるお金は渡したくなかったのだ。母の隙を見て、チョロっと部屋に入ろうとすると、脱兎《だっと》のごとく飛んできてつかみあいの大ゲンカ。私はあざだ、打ち身だ、大騒ぎ。だけど母を傷つけたらＤＶになる。

「あー、私アダルトビデオの女優じゃなくてよかった」

母がまだ正気の時、銀行にひとりで行って熱中症で倒れた。天井が左にゆっくり回り、床にくずれおちたそうだ。「救急車を呼びましょうか」といわれたが、そこで座らせてもらい、タクシーで帰ってきた。今思えば、あの時がチャンスだったのかもしれない。

あの時、私が全部あずかっていれば……。私の手元にはお金が全くない。手伝いの人に借りたり、マーちゃんに借りたりして、何とかしのいだ。講演料の前借りも何回かした。

母はカードをすべて無くしてしまったらしい。

母がデイサービスに行ってから、私と手伝いの人がゆっくり〝泥棒〟に入った。預金通帳などを捜し、さて今度はハンコだ。ひき出しいっぱいにある。どれがどれやら、高そうなのがそうなのかしらん。そうではなかった。ずいぶん銀行にご迷惑をかけた。

母が手首を折った時、これさいわいと、「ちょっとの間だけね」と委任状を書いてもらった。銀行も、「長い間のお付き合いで、お母さまのお顔もトモ子さまのお顔も知っておりますが、規則が厳しくなって」。いえいえ、私が悪いんです。

家宅捜索は一年位かかってようやく把握！　したと思う。

どっかにまだあるのかしらん？

体調の悪い時のお金……の話。この頃は、毎日死ぬことだけを考えていたっけ。

第四章

「名子役」トモ子ちゃん

一卵性親子で仕事に没頭

令和元年（二〇一九年）七月九日に亡くなったジャニー喜多川さんのインタビュー記事が、平成二十三年（二〇一一年）十月二十一日の『読売新聞』に掲載されていた。見出しはこうだ。

〈日本のショー　世界と戦える

ＳＭＡＰ、嵐を始めとする多くのアイドルを育て、近年は帝国劇場（東京）の舞台制作に心血を注ぐジャニーズ事務所のジャニー喜多川社長（79）。

様々な分野の世界一を紹介する英国のギネスブックに芸能活動の成果で世界一の認定を受けた。これまで表舞台に出なかった喜多川社長が読売新聞の取材に応じた。

間もなく八十歳を迎えるものの、精力的に活動を続ける〉

そのインタビューの中で、ジャニーさんがこんなお話をされていた。

「昔、松島トモ子さんの楽屋でお茶を出すお手伝いさんがいて、それが母親と知り驚いた。懸命に世話をする母の姿を見て、裏方の僕は表に出ないと決めた。タレントを立てることが大事」

ジャニーさん、ありがとうございます。母にとっては、この上ない賛辞だ。これほど母の生き方をとらえた言葉はないと思っている。

母が命がけで日本に連れ帰ってくれた私は、四歳で映画デビューした。「名子役」として映画に次々に出演し、歌って踊って、雑誌の表紙モデルにもなればテレビにも出て、舞台に立ち……。以来、今日にいたるまで芸能界で仕事を続けている。そして私のそばにはいつも母がいた。

私は結局、父に会うことはなかった。そしてケアマネージャーに「お互いが共依存」だといわれたように、私と母はずっと一緒だった。美空ひばりさんとそのお母さまは「一卵性親子」だと呼ばれていたが、私たち母娘も、まさにその通りだった。

それにしても子役とは奇妙なものだ。時には大人以上の仕事をこなす場合もあるから、子どもとはいえそれなりの才覚は必要だろう。なのに要求されるものは、あくまでも子どもらしく、無邪気で無心な演技。そんな難しいことをやりこなせる子どもがそうそういるはずもない。ねじくれてしまう人も多い。私は、少しはねじくれているが、まあましな方だろう、と思う。

子どもの頃の私の頭の中には、一種の防衛装置が装備されていたようだ。学校の勉強だけでも覚えることが山ほどあるのに、映画の出演は掛け持ちが多くて、覚えなければならない台詞《せりふ》は、それこそ膨大な量に達していた。子どもの頭のキャパシティなんてたかが知れている。もうこれ以上は駄目、これ以上詰め込まれたら頭がパンクしてしまう——という状態になると、自己防衛装置が作動して、古いものから順にポンポン放り投げて忘れてしまう。そういう方法で、私は大人の社会に対応していたのではなかろうか。

もし、子役時代のすべてを記憶していたら……。日本映画界を支えた多くの方々が亡くなられた今、私は貴重な生き証人、語り部になっていたかもしれない。残念なことに、あらかた忘れてしまった。どんどん忘れることによってのみ、私はよい子役でいることができたのだと思う。

その結果、私の小さな頃の記憶には、些細なことを何故これほどと思うくらい、鮮明に覚えている部分と、大切なことなのにスポンと抜けている部分がある。

先日、映画『サザエさん』をテレビで放映するというので、インタビューを申し込まれた。出演したことはもちろん覚えているが、撮影時の楽しいエピソードを話してくださいといわれても、まったく思い出せない。私はワカメちゃん役を三本演っているらしい。昭和三十一年〜三十二年のことだ。

「画面を見たら思い出されますよ」

向こうも必死だ。だってこの映画の出演者で生き残っているのは、仲代達矢さんと私だけ。今では「世界の仲代」でも、この映画ではちょい役だった仲代さんには恐れ多くて聞くわけにいかないらしい。早速、ＤＶＤが三本送られてきた。三本ともワカメ役だからほとんど出ずっぱり。歌ったり踊ったりで大活躍だ。動いているのは確かに私、歌っているのも踊っているのも……。だがまったく記憶がない。

「ごめんなさい。あの頃のこと覚えていません」

「だってあなた、歌って踊っているんですよ」

相手は相当怒っている。当時の人気者の忙しさ、それに映画の撮影所のめまぐるしさを知らないんだから仕方がない。サザエさん役の江利チエミさんが、当時まだ秘密の恋人だった高倉健さんのために、撮影の合間に黄色い大きなセーターを編んでいた、というのがたったひとつの思い出。

でもそれではダメなのだ。先方は、サザエさん一家のような和気藹々《わきあいあい》としたエピソードが欲しいのである。だがあの頃の思い出といえば、照明さんや音声さんの怒鳴り声、あちこちのスタジオを掛け持ちするスターたちがブツブツいいながらセリフを覚えている様子……。

チエミさんは日中の撮影が終わると、すぐに夜のステージに立っていたし。現場はワキアイアイにはほど遠く、殺伐とした戦争状態だったといってよい。それを話してもなぁ。一事が万事、そうなのだ。だからここに、十一歳の私が書いたと称する文章があるけれども、やはり本人にはまったく記憶がない。


〈ママとトモ子は学校の他は何時も一緒です。でも何処へ行っても人の中なので、二人っきりのお話は出来ません。トモ子が悪かったなーと思ってもよその方の前なので、あやまれない時など、とても気になります。

お家へ帰ると、ママは体中が時計になったみたいに「早く早く」とトモ子を寝かせて、それから、たいてい一時過ぎまでお仕事をなさいます。だから紙に「ごめんなさい」って書いて、走ってお二階へ寝に行きます。ママがおふとんを掛けにきてくださると、毎晩「トモ子、今日良い子だった？」って聞くのが、トモ子のくせで、ママと一日中の事を思い出しながら、ゆっくりお話ししていただくと、悪いところもよく分かって、安心して寝られます〉

これは本当に私が書いたのだろうか??

私の中には当然、白トモ子と黒トモ子が共存しているのだけれども、でもこれではあまりに良い子すぎる。きっと映画の宣伝部のおじさんが、あらまほしき可愛いトモ子ちゃんの姿を一生懸命考えて、書いてくださったのだろう。

ただ、母と私がいつもこれくらい近いところにいたのは本当だった。私は学校に行っても、授業が終わると撮影所に直行し、それが終われば家に帰るだけだったから、放課後にお友達と遊ぶということもなかった。母が私の唯一の話し相手であり、友達だったのだ。

母は私が中学生の頃、車の免許を取った。もちろん運転手はいる。でもプライバシーはたもてない。私の周りにはいつも人眼があって内緒話もできない。その頃女性の運転は珍しく、運転試験所に見に来た人もいるほどだ。

母はいっぺんで合格。映画、テレビ、学校で忙しかった私には、母の車が唯一の息抜き場、ふたりだけの部屋だった。お弁当を食べ、セリフを覚え、宿題をし、昼寝、なんと楽しい時間だったろう。

三歳で踏んだ初舞台

私の芸能界デビューはスカウトだった。

昭和二十三年（一九四八年）の秋、初舞台に立った私は三歳だった。あの日比谷公会堂でバレエを、それもソロで踊ったのだ。幼な心にも胸が弾んだのを思い出す。

「まるで王女さまみたい……」

衣装の真っ白なチュチュ（バレリーナのつけるスカート）を見上げながら、何度もうっとりしたものだ。もっとも、その衣装を仕上げるために母が徹夜したことや、衣装の生地が進駐軍放出の蚊帳《かや》であることなど、当時の私は知る由もなかった。

駅のホームや道を歩いていても、私はどこからか音楽が聞こえてくると立ち止まって、自分で振りをつけて踊り出していたそうだ。観客が多いほど嬉しい。拍手なんかいただくと、ますます嬉しくなってどんどん踊った。恥ずかしがり屋の母には悪いことをしたと思うけれども、そんなふうに物心がつく前から、私は踊ることが大好きな子どもだった。

幼い頃の私は、病弱で発育もはかばかしくなかった。細くて弱々しく曲がった足……。そんな私を見て〝せめて人並みに〟と願った母の勧めで、バレエのレッスンに通うようになったのは三歳になったばかりの頃だ。

入門したのは、日本におけるモダン・ダンスの先駆者である石井漠《ばく》先生のスタジオ、自由が丘にあった「石井漠舞踊研究所」である。週二回の稽古日に熱を出したりしないようにと、母娘ともども摂生を心がけ、熱心にレッスンに通った。

日比谷公会堂での初舞台を終えて数週間たった、ある日のことだった。

スタジオでいつものようにお稽古していると、そこにニュース映画のカメラが持ち込まれた。日本でもバレエが流行り始めていた。

今でこそ小さな女の子がバレエを習うのは普通だが、その当時はとても珍しいことだった。大きなお姉さん方の足の間をチョロチョロしている私にスタッフの目が止まる。「日本でも猫も杓子もバレエ熱!」というタイトルに決まっていたのに、「小さな豆バレリーナ」

初舞台を踏んだ日比谷公会堂にて。チュチュは進駐軍放出の蚊帳で作ったもの。

4歳頃、自宅で母と。

子役時代のブロマイド

『平凡』の表紙撮影で、皇太子妃に
決まったばかりの美智子さまと。

雑誌『少女』の表紙を毎号飾った。

左・『丹下左膳』のチョビ安役で大友柳太朗と。
右・力道山の自宅で撮影、1954 年頃。

と変え、私だけにスポットを当て、ニュース映画として全国の映画館で上映された。

テレビがまだ一般家庭に普及していなかったこの頃は、時事問題を扱ったニュース映画が頻繁に制作され、長編映画の前後に上映されていたのだ。

それが当時の時代劇の大スター・阪東妻三郎さんの目に留まり、今度の自分の映画で、事件の鍵を握る少女として私をぜひ使いたいとスカウトされたのだ。

大人になってから、私はそのニュース映画を初めて見たのだが、三歳にしてスクリーンから飛びだしてくるような大迫力。これならスカウトされるだろうなぁと、まあ何十年も昔の話ですから、自画自賛もお許しいただきたい。

映画デビューは阪妻さんの孫娘役

「トモ子ちゃん、大変だ！　今度は映画に出るんだってよ」

お稽古に行くために自由が丘駅の改札口を出た私たち母娘のもとに、漠先生のお弟子さんが駆け寄ってきた。スタジオでは映画の関係者が待っていた。

「せっかくのお話ですが、この子はまだ小さすぎますし、身体も弱い子ですから」

母は即座にお断りした。

その頃はまだシベリアで捕虜になったという父の消息がわからず、母は不安定な精神状態で毎日を送っていた。漠先生はそんな母を気づかい、

「明るい話だし、気楽に一度やってみたらどうだろう。お母さんにも気分転換になると思うんだが」

と熱心に勧められたらしい。母の気持ちもやっと動き、こうして私の映画出演が決まった。

私は四歳になったばかりだった。

現在の東映が東横映画と呼ばれていた時代のことで、撮影は京都・太秦《うずまさ》の撮影所で行われた。映画の題名は『獅子の罠』（昭和二十五年公開）。獅子、すなわちライオンだ。その三十数年後に私はアフリカでライオンに襲われることになるのだから、この時から私の運命は決まっていたのかしらん？　映画は無実の罪に落ちた息子を救おうと活躍する老刑事の物語で、私は主人公の阪妻さんの孫娘役だった。

当時はＧＨＱ（占領軍総司令部）の命令で、映画製作はプロットを提出して許可を受けな

くてはいけなかった。特に時代劇は審査が厳しく、たとえば「忠臣蔵」のような敵討ちをテーマにしたものなどは絶対にご法度《はっと》だ。日本人はチャンバラを見ると元気になってしまう。だから時代劇の大スターだった阪妻さんも、慣れない現代劇を、日本人が元気にならないようしぶしぶ撮っていたというわけだ。

祖母がよくいっていた。

「戦争は、始めたなら勝たねばなりません。日本は敗戦して一等国から三等国に成り下がりました。ごらんなさい。女の子の行儀の悪さ。道端でしゃがみこむ。ものを食べながら歩く。これが戦争に負けるということですよ」

初めて映画のカメラの前に立った時のことは、不思議なほど鮮明に覚えている。

「ヨーイ。スタート！」

カメラが回り出す。西洋館の大きな階段を私は降りていく。ピンクのワンピース、その胸には黒いビロードの花がついている。手すりにつかまりながら幅の広い階段をトンと一段、またトンと一段、降りていく。階下に立つおじさん（徳大寺伸さん）が声をかける。

「お嬢ちゃん、あなたのお名前は？」

「シモジョウ　ミヤコよ」

幼い私には呪文のような名前だが、この〝下條美也子よ〟が私の記念すべき映画の初台詞だった。

続いて美也子のアップ。彼女のつぶらな瞳が事件の謎を解く重要なポイントであることを暗示する大事なカットだ。

カメラを載せた移動車がレールの上を走ってくる。カメラの大きな目玉が私をにらんで、いまにも私を飲み込むかのようにワーッと近づいてくる。その途端に、私は胸がムカついて、ウッと口を押さえる。

「カット」

容赦ない監督さんの声がセットに響く。さっきから何度も、私は同じことを繰り返していた。移動車の上の大きなカメラの周りには、監督、カメラマン、助手、照明さんたちが鈴なりにへばりついて、一緒に動く。カメラにはノイズを消すために布団が被せられている。まるでドテラを着せたようなデカイ目玉がギョロギョロと迫ってくると、どんなに我慢しても、胸が苦しくなって……。もう駄目だった。今なら、ズームで一発で事足りたのに。

「五分、休憩！」

うんざりした雰囲気が辺りに流れる。一生懸命に頑張っている小さな女の子の手前、さすがに舌打ちする大人はいなかったが、子どもながらに、私はそんな雰囲気を敏感に感じ取っていた。

スタジオの重い扉を押して外に出る。外は真っ暗、もう真夜中だ。ほてった頬に冷たい風が心地よい。深呼吸をすると、胸につかえていた塊が溶け、呼吸が楽になる。もうひとつ深呼吸……。

「もう大丈夫」

私は自分を力づけるように、ウンと頷《うなず》き、再びスタジオの扉を押した。

外の空気を吸ったおかげか、NG続きの場面も、やっと撮り終えることができた。ホッとしながら、私は憎らしい〝目玉〟をにらみつけてやった。

「あんたなんか、イジワルで大嫌い！」

大声で叫んで、思い切りアカンベェーをした。でも、この〝目玉〟に親しみ、愛されなければいけないことを、幼いながらも私はうすうす感じていた。幼い頃の私は、少しおませで、今よりよっぽど大人だったような気がする。

今思うと、あの頃の撮影所の暖房はガンガンと呼ばれていた四角いブリキ缶に炭火を入れていたので、その一酸化炭素を背の小さな私が一身に浴び、それとセットに使われていた膠《にかわ》の臭いが混じり合った異様な臭気が、私の吐き気の原因だったようだ。

こんな話を聞いたことがある。映画の天使が飛んできて、フィルムの缶にちょいちょいと金の粉を振りまくと、その時その人は大スターになる。気まぐれな天使が金の粉を振りかけ忘れた時、スターはちっとも輝かなくなり、真っ逆さまに転落するというのだ。この時私を撮ったフィルムには、その魔法の粉がかかっていたらしい。

このバレエの初舞台と映画出演を機に、その後、私たち母娘は思いもしない世界を二人三脚で歩んでいくことになる。

垣間見た大人の世界

私は天才少女バレリーナとして名が知られ、あちこちのグラビアを飾るようになった。母は私を支える若き戦争未亡人だ。ドラマチックな存在感は際立っていたのだと思う。

そんな母が、三大財閥の御曹司に求婚されたことがあった。先方には先妻の残した男の

子がふたり。御曹司は、

「トモ子ちゃんにそんな才能があるなら、どんなにお金をかけても構わない。留学もさせよう。立派な芸術家に育ててあげる」

といったそうだ。ありがたいお話だと思うのに、母はきっぱり断った。なぜなのかは、今となってはわからない。

あの財閥でさえ断られた、という話があっという間に伝わって、母にプロポーズしようと列をなしていた三井物産のおじさまたちも諦めたという。そう、母はとても、とてもモテていたのだ。

モテたのは、映画の撮影所でも同じだった。

当時、映画がまだ「活動写真」と呼ばれていた時代である。その「活動屋」のお兄さん、おじさんたちの、母への憧れの眼差しの熱かったこと。子どもの私から見てもかわいらしく思えたほどだ。当時撮影の現場といえば男社会で、女優でも芸者でもない若い女性などいなかった。しかも母はまだ二十代だったのだ。お兄さんたちには母に声をかける勇気もない。まるで無法松の一生だ。

母には品があったのだと、今の私ならわかる。セクハラどころかちょっとした冗談でさえ、とてもいえる雰囲気ではなかった。それに私が、ちっちゃいながらも用心棒として控えていた。何かあったら飛び出そうと、白眼をむいてハッタとにらみつけていたものだ。

でもロケ先で泊まった旅館のお風呂場には、ノゾキが出た。もちろん四歳の私などハナからお目当てではない。なんとなく表がザワザワしている。シーッ！　なんて声も聞こえる。イザ母を守らんと風呂桶に湯をたっぷり入れ、ぶっかけようとしたら、母が静かに、

「およしなさい」

肝が据わっている。翌日、鼻にバンソウコウを貼っている人がいた。滑って転んだということだ。

けれどもこんなふうに猥雑で乱暴で、熱と汗が渦巻いていたけれど、戦後まもない頃の映画の現場には、ワクワクするようなエネルギーが満ちあふれていた。私にはそれは、万華鏡のように光り輝いて見えた。

照明さん、音響さん、カメラマン、助手さん。とにかく全員男だ。怒声、罵声が飛び交う中、私の心は浮き立っていた。だいいち家族は女性ばかりだったので、こんなにたくさんの男の人を見たこともなかった。おじさんも若い衆も、暑くなると冷房がないので上半身裸になる。すると背中にとってもすてきな絵が描かれていたりして……。

その極彩色がとてもきれいなのだ。特にピンと張った若い肌に汗が光ると、まるでスパンコールが光っているみたい。彫り物というのだと教えてもらったが、それも何の誰がしという、立派な彫り師が彫ったものだという。みごとな絵柄が、スタジオ中をいそいそと動き回っていた。

のちにルーブル美術館に行った時よりも、興奮したと思う。それに比べて昨今のタトゥーとやらのチャチなこと。バンソウコウを貼って隠すくらいなら、最初から彫らなきゃいいのだ。

しかし彫り物を背負ったお兄さんたちの話す内容は、母から見ればどうやらひどいものらしかった。だから母は撮影に合間ができるとすぐに私を楽屋に押し込み、お人形遊びをしたり、『小公女』や『小公子』といった物語を読ませたりする。こんな環境においてでも、母は私をレディに育てようと一生懸命だったのだ。母のその健気な努力は賞賛に値するけれど、聞いちゃいけない、見ちゃいけないとばかりいわれると子どもの耳はダンボになってしまうものだ。私は大きな目玉をしっかり見開いて、大人の世界をのぞいていた。正直にいって、お上品より下品の方が刺激的だったのだ。

例えば、いつもスターさんのそばに付いているきれいなお姉さんが、いない日があったりする。

「あっ、今日は正妻さんが来る日なのね」

私はしっかり「勉強」していた。

幼児体験は恐ろしい。みごとな環境で育った私は、「健康な男は必ず浮気をする」のだということをきちんと学んでいた。だからその点については、私は男性を全く信用していない。

進駐軍キャンプと巣鴨プリズンで踊る

映画デビューの前から、私は石井漠舞踊団の地方公演に連れていかれたり、「豆バレリーナ」としてあちこちの舞台に出演したりと、いくぶん身辺が騒がしくなっていた。

おぼろげな記憶がある。新宿西口から夕方に出るバスに、母と一緒に乗り込んだ。進駐軍のキャンプに行くのだ。ショーに出るのにもオーディションでランクが分けられていて、私はいちばん上のAランク。オフィサーズ・クラブに出るのだが、ショーが始まるのは夜だ。眠くて眠くて仕方がない。母が私にそっと毛布をかける。

でも煌々《こうこう》とライトに照らされた舞台の袖に立てば、パッと目が覚めた。フルオーケストラがブラームスの「ハンガリー舞曲第五番」を奏で始める。出番を待つ私は指の隅々までキラキラしていて、ティンカー・ベルみたいだ。

「トモーコ、マツシマー」

アナウンスされて、私が舞台に登場する。

外国人の子どもに比べればさらに小さい、豆柴みたいな女の子がチョコチョコ出てきてえらく達者に踊るのだから、受けること受けること。アメリカ人将校たちは足を踏み鳴らし、口笛を吹き、アンコールの嵐だ。嬉しいけれど、私がオーケストラで踊れるのはこれ一曲だけ。指揮者のおじさんが手招きする。

「トモちゃん、最後のフレーズだけもう一回踊るんだヨ」

チョコレートもコカコーラもいっぱいいただいたはずだけど、覚えていない。アメリカ人のアプローズは日本の何十倍だ。だから私は小さい時から拍手が大好物になった。

当時の進駐軍キャンプのショーには、ダイヤモンドの原石が次々と出演していた。ペギー葉山、雪村いづみ、伊東ゆかり、ちあきなおみ、などなど……。

なかでも一番人気を誇り、全国を飛び回っていたのがタップダンサーの「中野ブラザーズ」だ。それを真似て兄弟でタップを踏んでいたのが、のちの世界的トランペット奏者・日野皓正《てるまさ》と弟・元彦である。コンビ名はバッチー・ブラザーズで、これは衣装が汚かったからだそうだ。後にニューヨークでお兄さんに出逢った時、その話をしたらあまりお喜びではなかった。

弟さんのほうが圧倒的にタップがうまかった。元彦さんは後にドラマーになる。タップとドラムには非常に共通点がある。皓正さんには少し屈託があったのかもしれない。そういえばあのとき皓正さんは、

「トモ子ちゃんは美空ひばりより年上だ」

といってきかなかった。私の方が八歳も下なのに……。

「いや違う！　美空ひばりよりあなたの方が上だ。僕はひばりより先にあなたを見たんだから」

といい張るのだ。進駐軍キャンプの豆柴を覚えていたのかもしれないが、真相はわからない。

謎といえば、私がなぜデビュー前に進駐軍で踊っていたのかはこれも謎。今では調べよ

うもないが、ＧＨＱは本物の才能を見つけ出すのが上手かったのかもしれない。いやいやお目が高いなあと、そういうことにしておこう。

私は吉村昭さんの『プリズンの満月』（新潮社刊）にも登場している。綿密な取材をもとに執筆された小説で、第二次世界大戦後に巣鴨プリズンに収容された戦犯たちと、彼らを監視する刑務官たちとの交流から、敗戦国日本の懊悩《おうのう》を描いている。


〈冬の気配が濃くなった十一月十九日、戦犯の作業は休業となり、獄舎には朝から異様なざわめきがひろがっていた。

その日の朝、点呼の折に、慰問団として石井漠舞踊団がプリズンに来てくれて、しかも米軍専用の劇場で舞踊をすることが事務官から戦犯たちに伝えられたのである。

その夜、劇場に入っていた事務官が鶴岡（刑務官）たちの宿舎にやってきて、劇場内での戦犯たちの様子を伝えた。

石井漠構成、振付の舞踊はそれぞれに華やかな独創性にみちていて、戦犯たちは感激し、長い間拍手しつづけた。最前列の席に司令官や将校たちが夫人とともに坐っていたが、かれらも眼を輝やかせてさかんに拍手をしていたという。

ことに五歳の愛くるしい眼をした松島トモ子のバレエは、戦犯たちに特異な感動をあたえた。その少女の父が三井物産の社員として満州の奉天で召集を受け、シベリアに抑留され生死も不明で、彼女は辛うじて母とともに帰国したという司会者の言葉に、場内は静まり返った。

それにつづいて、法被《はっぴ》に鉢巻をしめた彼女が舞台に現われ、洋舞で「かわいい魚屋さん」を演じたが、あどけなさと踊りの確かさに、戦犯たちは興奮して何度もアンコールを繰返し、彼女もそれに応えてにこやかな笑顔で踊った。感激した戦犯たちの眼には一様に涙が光っていたという〉

このパフォーマンスのところどころは、はっきり覚えている。何度もアンコールに応えて「かわいい魚屋さん」を踊ったこと。戦犯の方々をまだ見ぬお父さまだと思ったのかもしれない。久しぶりに小さな子どもを見たプリズンの観客たちは、自分の子や孫を思い出されたのだろうか。あの中でのちに絞首刑になった人もいただろう。一瞬でも喜んでくださったことが、本当に嬉しい。

私のまわりには何かこの世を越えたものが躍動していて、それが私をあの場所に連れていったのかもしれない。

祖母は芸能界入りに反対だった

わが家は、今思えばとても不思議な家族だった。

祖母と、母と、私。祖母は明治生まれの厳格なひとで、薩摩藩士の娘であるというのが誇りだった。

祖母が初めて私を見た時、「干からびたカエルのような子」だと思った、ということは前に書いた通りだ。命がけで母が守り、生き抜いてきた私に対してなんという感想だろうか。それはしっかりと私に通じていて、以来記憶にある限り、祖母と私は犬猿の仲となったのだった。祖母はひとりで帰ってくる母を独占しようと待ちわびていたのに、そこに思いがけないおまけがくっついていた。さぞ落胆してあまりあったことだろう。

家には他に、祖父の残していった祖母付きの女中さんが二人、そして通いの運転手さんがいた。祖父は終戦前にすでに亡くなっていた。

頭数は揃っているものの働き手がいない。祖母は女性が働くことなど、まったく頭にない人だった。ご主人さまが月給を持って帰り、奥さまはそれをありがたく使うもの……。けれどそのご主人さまがいないのに。

母は将来のことを考え、東京に帰ってきてから津田塾に通って、英文タイプの資格を取っていた。だが母がひとりで外出すると幼い私は寂しがって、日が暮れても門の外にしゃがんで母の帰りを待っている。そしてその夜は必ず熱を出すのだ。肺炎を起こしたこともある。

その一方で祖母は、母が帰ってくるなり玄関まで飛び出してきて、私の悪口を言い募る。三歳くらいの私はそれを聞きながら白眼をむいて口答えもしない。これではお勤めに出るのは無理だと、母は思ったという。どうしても母が外出しなければならない時は、ご近所に私を預けたこともあったそうだ。家に女中さんが二人もいるのに。

祖母も悔しかったに違いない。ちっともなつかず、門の外で何時間もずっとしゃがんでいるような孫娘。当てつけにも見えただろう。

「あの子はあなたがいないと駄目だわね。あなたたち母娘の間には、なにか私が入ってゆけないものがあるみたい」

祖母と私がお風呂に入った時、私がわざとお湯をかけたといって猛然と怒られたこともあった。まるで子どものケンカだ。

おもちゃだって、

「片付けなさい」

といわれたのにすぐに片付けなかったと怒鳴られて、庭に全部放り投げられ、捨てられた。物のなかった時代、やっと買ってもらったお人形を捨てられたことはとても悲しかった。あのお人形のことはまだ覚えている。後で返してくれるだろう、と思ったけれど、祖母は本当に捨ててしまっていた。

「ごめんなさい。トモ子が悪うございました」

私がおばあちゃまに泣いてすがっていれば、事態は変わっていたかもしれないけど……。意地でもそんなことするものか。

バレエの初舞台がきっかけで、私は四歳から立て続けに映画に出演するようになっていた。だが祖母にとっては、私が映画に出演するなんてトンデモナイことだった。それでも母は、

「その後もたってのお誘いに負けてトモ子が映画などの出演を続けたのは、この仕事なら

郵 便 は が き

63円切手を
お貼り
ください

1 0 1 - 0 0 0 3

東京都千代田区一ツ橋2-4-
光文恒産ビル2

(株)飛鳥新社　出版部　読者カード係

フリガナ ご氏名	性別　男・女 年齢　　歳
フリガナ ご住所〒 TEL　（　　）	
お買い上げの書籍タイトル	
ご職業　1.会社員　2.公務員　3.学生　4.自営業　5.教員　6.自由業 7.主婦　8.その他（　　）	
お買い上げのショップ名　　所在地	

★ご記入いただいた個人情報は、弊社出版物の資料目的以外で使用するこ
ありません。

のたびは飛鳥新社の本をご購入いただきありがとうございます。
後の出版物の参考にさせていただきますので、以下の質問にお答
下さい。ご協力よろしくお願いいたします。

この本を最初に何でお知りになりましたか
1.新聞広告（　　　　　　　　新聞）
2.webサイトやSNSを見て（サイト名　　　　　　　　　　　　）
3.新聞・雑誌の紹介記事を読んで（紙・誌名　　　　　　　　　）
4.TV・ラジオで　5.書店で実物を見て　6.知人にすすめられて
7.その他（　　　　　　　　　　　　　　　　　　　　　　　　）

この本をお買い求めになった動機は何ですか
1.テーマに興味があったので　2.タイトルに惹かれて
3.装丁・帯に惹かれて　4.著者に惹かれて
5.広告・書評に惹かれて　6.その他（　　　　　　　　　　　　）

本書へのご意見・ご感想をお聞かせ下さい

いまあなたが興味を持たれているテーマや人物をお教え下さい

あなたのご意見・ご感想を新聞・雑誌広告や小社ホームページ上で
載してもよい　2.掲載しては困る　3.匿名ならよい

ームページURL http://www.asukashinsha.co.jp

私たちが一緒にいられたからよ」

そういっていた。

母と私が離れずにできる仕事、それが映画の子役だったのだ。だが私が子役になると聞くと、親戚たちは泣いて引き止めた。

きちんとした普通の家の子どもが映画に出るなんて、ありえない時代だった。映画の役者は河原乞食。歌舞伎役者は檜の板の上に立つからいいけれど、映画の撮影では土の上に立つのだから。

私自身うすうすと、子ども心にも身を落としたのだと思っていた。今のように芸能人がもてはやされ、子どもの頃から大変な競争率を勝ち抜くために、スクールに通ったりオーディションを受けたりなんていうのとはまるで違うのだ。

父が生きて帰ってきていたなら、私はきっと子役にはならなかっただろう。両親がそろっていて、しかも父は立派な職業についていたのだから。でも父は帰ってこなかった。そして私は母といつも一緒にいたかった。それだけだった。

今でも、両親そろっている子どもがなぜ子役になるのか、私には理解できない。

15歳のリサイタルで着た中原淳一デザインのピンク色のドレス。

下左・「アメリカの良心」と呼ばれた人気俳優ジェームズ・スチュワートと。

下右・雑誌の撮影で坂本九と。

1986年1月、『野生のエルザ』で有名だったジョージ・アダムソンと。
この取材でライオンとヒョウに襲われた。

左・NHKホールの前で。右・自宅で母と。

一家の大黒柱は私

私は昭和二十五年から三十五年までの十年間、子役のピークにいた。五歳から十五歳。その間に主演の映画だけで八十本だ。スターをつくるのは、その時代だ。敗戦直後、日本国民は皆しょんぼりしていた。貧しい暮らしの中で少しお金に余裕ができると、トモ子ちゃんの映画でも観に行くか！　っていう調子ではなかったか？　当時、映画は最高の娯楽だった。まさに映画の黄金期で、私はいつも台本を五、六冊抱えてスタジオを走り回っていた。

昭和二十八年には民放テレビが開局する。日本テレビの「獅子文六アワー」で「悦ちゃん」、ＴＢＳの「どろんこ姫」、「夕焼け天使」など、数々のドラマに出演した。

でも人気が爆発したのは、雑誌だった。どうしてあんなに売れたのだろう。雑誌『少女』の表紙を昭和二十五年から三十五年までの十年間務めた。その他にも『りぼん』『少女ブック』『少女クラブ』『なかよし』たくさんあった。表紙は『少女』だけだが、グラビアは全部、松島トモ子。ページをめくってもめくっても、トモ子ちゃんが大目玉をパチッと開いてニカッと笑っている。本人は心底、自分の顔にあきあきしているというのに、私の写真があると売れ行きが違うというのだ。

　夜、撮影所から疲れて帰ってくると、家にある私のダンスのお稽古場に、雑誌社の担当者やカメラマンたちが待ち構えている。ニカッと笑ってパチッと撮るだけだから簡単だと思われるだろうが、面白くもないのに口角を上げるというのはキツイ。一度やってごらんあそばせ。

　パチッ、ニカッとしなければ、帰ってくれないのだ。私は小さい時から頭痛持ちで、ハイグレラン（頭痛薬）が手放せなかった。さらに二階のリビングには、世にも厳格な祖母が君臨している。

　私が子役に成り下がったことが許せない祖母は、学校の成績がちょっとでも落ちたら子役をやめさせるという。そのために私には住み込みの家庭教師が付いていた。一分一秒、無駄にできない。寝るのもスケジュールのうちだった。

　今の私なら、

「おばあちゃまの優雅な生活は誰がまかなっているのかしら？」

などと嫌味をいっただろう。私は四歳から納税者なのだ。一方で、祖母は三井物産の奥さま方と昼間から麻雀を楽しんでいたし、家には宝石屋さんが出入りしていた。女中さん二人に専属の運転手と、祖母の生活ぶりは戦後も昔と変わらなかった。私が仕事をして家計をまかなっていることなど、まったく関知していなかった。なのに私は健気にも、成績が落ちたら子役ができなくなると思って必死だった。

わが家でお金の話は、タブー中のタブー。お金はどこか知らないところから降って湧いてきていたのだ。

子役のピークを少し過ぎた十六歳か十七歳の時に、隠れてデートをしたことがある。でも仕事のスケジュールでがんじがらめ、余裕のなかった私にとっては、これも緻密に組み込まれたスケジュールの一部だ。五、四、三、二、一！　時間ぴったりに現場に着くと、相手の男性は、

「きみね、デートというものは相手がいつ来るのかな、来ないのかな、なんて、それも楽しみのひとつなんだヨ。五、四、三、二、一、じゃ、色気も何もあったもんじゃない」

だって。

私が頭を悩ませた時間のやりくりや、ちょっとした変装の苦労などどこ吹く風。ふん、

所詮はお育ちが違うのね。時間厳守はプロの基本だ。

学校、映画、テレビ、雑誌と、眼の回るほどの忙しさだったが、私は本当のところ楽しかった。皆さんが喜んでくださる。私は本気で、日本中のおじさん、おばさんを元気にしてあげているつもりだった。あの自信はなんだったのか。戦後は子どももがんばっていたのである。

祖父と祖母のこと

あれほど気の合わない祖母だったが、その理由も今なら理解できる。祖母と私はそっくりなのだ。わがままで自分中心。祖母といっても、母と私が引き揚げてきた時はまだ四十代だった。祖父が死に、母を独り占めにして悲劇のヒロインになろうとしていたのに私がいて、母は私にかかりっきり。祖母の目論見は見事に外れた。

激しい人だったから、嫉妬に狂ったのだ。母の取り合いの三角関係である。廊下に置いてあった、ラッキョウ漬けの大きな甕《かめ》を、祖母がこれ見よがしにゴロンゴロン蹴っ飛ばしていた光景を覚えている。さぞかし足が痛かっただろう。ラッキョウは、私が世にも嫌いなもののひとつだ。

私の部屋の隣が祖母と母の部屋で、祖母は毎晩さめざめと泣き、

「こんなにかわいそうな人間はいない。パパも亡くなって私はひとり」

と呟いて悲劇のヒロインを演じていた。

それをいうなら、母は夫を亡くしたし、私は父がいなかった。わが家は悲劇のヒロインだらけだ。それなのに祖母にとってかわいそうなのは、祖母だけだった。決め台詞は、

「呑川《のみがわ》で入水自殺してやる！」

わが家の隣を流れるチョロチョロ川だ。飛び込めばお腹がぷっくり浮いたことだろう。

祖母は母にも私にも似ていなくて、子どもの頃からあだ名は「百貫デブ」だったそうだ。おばあちゃま！　と抱きついたとしても、私の腕ではお腹を回りきれない。

会ったことのない祖父は、絵に描いたようなイギリス風ジェントルマンだったそうだ。ハーフに間違えられるほどの彫りの深い目鼻立ちと、カールした髪の毛。お洒落でスポーツ万能、五カ国語を操った祖父は、母にとって自慢のパパだった。

祖父が祖母と結婚した理由は、七不思議のひとつである。

「なぜママと結婚したの？」

と母が尋ねたら、祖父は、

「足首が細かったから」

……大人の事情とはわからないものだ。

どうやら祖父は祖母の前に、絶世の美女と結婚していたらしい。母には異母兄がいた。母はお兄ちゃまと呼んでいたらしいが、頭が良く、お人形のようだったという。

しかしこの絶世の美女は気働きが足りない。その頃の三井物産の社員は海外を飛び回り、外国人・日本人の接待、家でもパーティーを催していた。コックも、中国料理、西洋料理、日本料理、あらゆるコックがいたらしい。テニスコートも何面もある。

料理等を指揮する祖母は独壇場。とにかく頭がいい。お正月の宴会などでは女中さんの着物の裾が擦り切れたという。それほど千客万来だった。会社からも祖母の手当てが出ていたと聞く。祖父も器量《きりょう》より頭と気がついたのであろう。遊びはどこでもできる。

私が子役になって、唯一祖母が喜んだことがあった。

作家の獅子文六《ししぶんろく》さんが文化勲章を受章されて皇居に上がり、昭和天皇にお会いした折に、陛下が（文六さん原作の）テレビドラマ「悦ちゃん」を見ているとおっしゃったのだという。主役の悦ちゃんを演じていたのが私だ。文六さんが、

「あの悦ちゃんは、こまっちゃくれた子でございます」

と申し上げたら、陛下は「こまっちゃくれた」の意味がおわかりにならなかったとか。

祖母は感激して、

「もったいないこと」

と泣いていた。

祖母は社交的な人だった。玄関に私の大きな写真を置いて、家にやってくる私のファンの人たちには愛想よく接し、「優しいおばあちゃま」で通っていた。まあ祖母の心も複雑だったでしょう。

お財布は全部祖母が握っていた。私たち母娘は祖母からお小遣いをもらっていた。でも、その出所はわかっている。あの憎たらしい孫に養われていたことは、どんなに屈辱であったろう。

とうとう帰らなかった父

母は、父が必ず生きて帰ってくるものと信じて疑わずに、戦後の東京で毎日を必死で生きていた。だから、シベリアで父の最期を看取ってくれた戦友の住谷伸一さんからその死を知らされた時の衝撃は大きかった。

住谷さんから、いつ、どんな方法で父の死を知らされたのか、母はどうしても思い出せないという。あまりのショックで、死を知らされた時の記憶が抜け落ちてしまったらしいのだ。死亡受付は昭和二十四年（一九四九年）六月二十日になっているので、住谷さんからの知らせはその少し前、その年の春頃だったはずである。

父と共にソ連軍の捕虜になり、シベリアの収容所に送られた住谷さんの話によると、私たちが奉天の避難所にいた終戦の年の十月二十九日早朝、父は帰らぬ人となった。

満州日日新聞の記者だった住谷さんは、父と同じ日に奉天で現地召集され、東安《とうあん》に行く軍用車の中で父と知り合った。二人はすぐに意気投合し、以来、無二の親友となった。

八月九日、ソ連軍の猛攻撃にあい、父たちの部隊は離散し、十数人が寄り集まって密林をさまよう日々が続いた。そんな時も、また捕虜になってシベリアに送られた時も、住谷さんと父は片時も離れることはなかった。

住谷さんはロシア語ができるので、収容所では捕虜部隊の通訳として大隊長付の役を務めていた。重労働で日に日に衰弱していく父に、そっと将校食を運んだりして励ましてくれたが、その甲斐もなく父は息を引き取った。

亡《な》き骸《がら》は収容所近くの丘の斜面に、母が送った葉書の束と共に埋葬された……。

「高橋君は最後まで、まだ見たことのない奉子ちゃんと奥さんの名を呼び続けていました……」

そう教えてくださった。

そんな父の思いを、住谷さんは痛いほど感じられたのであろう。遺髪のほか、父の手帳の一部、父が肌身離さず持っていた母の写真（自転車に乗って颯爽と走っている）を靴の底に入れたり、服に縫い込んだりして、それはもう想像を絶する苦労の末、日本に持ち帰ってくれた。

「トモ子が大きくなったら、話してやりたいので、収容所やお墓の付近の様子を地図に描いていただけませんか」

夫が眠る地をいつかは訪ねたい……。そんな思いが母にはあったのだろう。住谷さんにそうお願いした。

数日後、鉛筆で描いた見事なスケッチと地図が送られてきた。収容所付近の全景、最後の病室、お墓周辺のスケッチ。とても丁寧で正確で、それを見ると住谷さんが優秀な新聞記者であったことがよくわかる。

復員して以来、住谷さんが失業中なのを知った母は、父の上司だった新関さんに相談した。住谷さんの人物を見込んでいた新関さんのはからいで、日経新聞社に入社できることになった。母は喜んで、すぐに葉書を書いたが、折り返し、

「故人の戦友ということを振り回して、遺族の世話になるのは、やはり心苦しい」

という断りの手紙が戻ってきた。住谷さんの人柄が偲ばれる出来事だった。

一年ほどたったころ、母宛に手紙が届いた。

〈小生、京都にいます。引揚者の寮で極めて不便で乱雑な処ですが仕方ありません。就職もなく、未だにルンペン・プロレタリアです。高橋君のことについて、当局からお知

らせがあった由、思い新たなものがあります。東京に居たら、お邪魔させていただくのですが、残念です。目下、生活の最下層者として、日雇労働者になって、その日を暮らしています。土方作業をしながらシベリア時代を思い出してます〉

これを最後に、住谷さんからの音信はプッツリと途絶えてしまった。こちらから消息を知る手段は皆無に等しかった。

父の親友と再会

昭和三十二年(一九五七年)十月、父の十三回忌を迎え、「法事の代わりに、トモ子ちゃんのリサイタルをやったらどうか」という話が、父の知人たちの間で持ち上がり、実現した。リサイタルは第一部が生のオーケストラをバックにしたバレエ「くるみ割り人形」、第二部は「父に捧げる歌」、第三部はドラマ「赤い風船」と、盛りだくさんなプログラムだった。

まだ個人のリサイタルなど珍しい時代で、新聞、雑誌、週刊誌にも報じられ、大きな話題を呼んだ。

「トモ子ちゃん、この舞台を誰に一番見て欲しいですか？」

「住谷のおじさまにぜひ見てもらいたいと思います」

記者の質問に、私はそう答えた。あの世の父に贈る記念のリサイタルだが、その父に代わって、住谷さんに私の舞台を見てもらいたい。母も思いは同じだった。しかし、住谷さんとは音信が途絶えたままだったから、それはかなわぬ願いのようにも思えた。

ところが、リハーサルの前々日のことだった。

「童謡歌手と大学教授」――そんな大きなタイトルで、読売新聞に五段抜きの記事が載った。

七年の歳月が流れ、住谷さんは同志社大学文学部の教授になっておられた。連絡が途絶えたのは、母が再婚でもしていたらとの配慮からだったらしい。もちろん高橋奉子が松島トモ子になっていることなど、住谷さんはまったくご存じなかった。

十三回忌のリサイタルは、住谷さんの出席で文字通り思い出深いものになった。

住谷さんは昭和三十九年（一九六四年）に亡くなられた。その法事の席で、住谷さんのお兄さま（同志社大学総長・当時）から母と私は思いがけないエピソードを聞いた。

「学術会議でソ連に行った時のことです。モスクワに向かう列車がシベリアのシマコフカ駅近くを走っている時、弟は列車の窓から飛び降りようとして大騒ぎになったそうです……」

父の墓を探そうとの一念からだった。それまでも、住谷さんはいろいろ努力をされたらしいが、当時は国境地帯は立ち入り禁止で、かなわぬことだった。

「あれほど強い友情を持っていた弟が羨ましい」

住谷さんのお兄さまは、そういって涙ぐまれていた。

後日談だが、平成元年（一九八九年）、伯父（父の兄）が病に倒れる直前、古い書類などと一緒に一通の手紙を母の元に届けてよこした。住谷さんが亡くなられて四年後に、住谷夫人から伯父に送られた手紙だった。

〈近頃やっと、住谷は帰ってこないのだと自分で納得出来るようになりました。

考えてみると二十数年前にソ連から帰った住谷は、松島トモ子さんのお母様と、東京の私の兄の家でお目にかかりました。お母様は、いろいろ話をお聞きになって、涙をこぼしておられましたが、それをそばで見ていた私は、住谷の生きて帰ったことが済まないような気持ちになって小さくなっておりました。住谷も同じ思いであることは痛いほどわかりました。

　今はもう、そのような遠慮もいらなくなって、淋しいけれどホッとしております。最後にお願いでございますが、もし弟様のお写真がございましたら、お手数でもお願いしたいのでございます。住谷と一緒に飾って、当時を偲びたいと思います。二人はまためぐり逢えて、どんなに喜ぶかわかりません。

　今は二人一緒に、昔話に花を咲かせて、奥様のこと、トモ子ちゃんのことなど、住谷が得意になって話している様子が目に浮かぶようでございます〉

　私は感動した。が、母は感動と同時に、深い悔恨の念にとらわれたようだった。

「住谷さんには、お父さまの分も長生きしていただきたいと願っていたのよ。そんな気持ちが通じなかったのは、きっと私の心のひらき方が足りなかったのね……」

　取り返しのつかない後悔に、母は涙を浮かべていた。

　私もなぜ、父のことを質問しなかったのだろう。どんな性格の人でしたか？　食べるものは何が好きでしたか？　今だったら質問攻めにしただろうに。あの頃は自分のことで一杯だったのだろう。

シベリアの地で死を迎えねばならなかった父の無念の思いは、いま私にもよくわかる。ほんの短い期間ではあったが、住谷さんのような方と出会い、共に生き、その無二の親友に看取られて逝った父は幸せだった。母と私には、それがせめてもの慰めだ。

でも、私の心の中にはわだかまりが少しもなかっただろうか。父は帰ってこられなかったのに、住谷のおじさんだけはなぜ？　ロシア語ができたからだろうか。父の訃報を住谷さんから聞かされた時の母の号泣。かけがえのない人を亡くした母の悲しみは幼い私にもわかった。

「でも十月に亡くなってよかったわ。シベリアはもっともっと寒くなるんですものね」とつぶやいていた。父と母の結婚生活はたったの半年あまり。負け戦とわかっている戦いに黙って出かけた父。母はそれが可哀想でたまらなかったのだろう。

住谷さんとは何度もお会いした。でも私は母を思うと、ちょっとだけ憎らしかったのかもしれない。

第五章

父の墓参でシベリアへ

卒塔婆を抱いて異国の丘へ

平成二年（一九九〇年）春、私たち母娘、とくに母にとっては長年の悲願だった、シベリアの地に眠る父の墓参が実現した。墓参とはいっても、終戦の年の十月に亡くなった父のお墓のある場所については、フィヨドロフカの小高い丘ということと、その付近を描いた父の戦友・住谷伸一さんのスケッチしか手がかりがなかった。実際は、お墓さがしの旅である。

出発は五月四日、連休でごったがえす上野駅から上越新幹線で新潟に向かった。新潟は雨に煙っていた。空港でアエロフロート機の出発を待つ母は、父の戒名を記した卒塔婆をしっかりと抱いている。前日、九品仏《くほんぶつ》のお寺でお経をあげていただいたものである。

卒塔婆の長さは六尺というのが決まりらしい。でも、それではシベリアまで持っていくには長すぎる。

「六尺の半分の長さにしていただけませんか」

「五尺というのを一度作ったことがありますが、三尺はねえ……」

母が大事に抱えた卒塔婆は、渋り気味のお坊さんにぜひにと頼み込んで用意した特注品だった。


母・志奈枝さんの回想（平成二年）——

〈夫の墓参は私の長年の悲願でした。

「ウスリー州イマン地区のシマコフカ近郊のフィヨドロフカ作業地への墓参は、いつ許されますか？」

これまで何度も私たちは問い合わせを続けてきました。でも、その都度、ソ連大使館からの返事は「その場所にはお墓はない」の一点張りでした。今回、思いがけなく墓参が許されることになったのは、日本テレビの石川一彦局長（当時）のご尽力のおかげでした。

日本テレビとトモ子の縁はずいぶん古く、開局まもなく始まった獅子文六アワーの『悦ちゃん』から。当時の新聞のラジオ・テレビ欄には〝主役は松島トモ子〟と大きな活字で紹介され、話題を呼んだものでした。

獅子文六さんが昭和天皇に会われた時、陛下は『悦ちゃん』のことを話題になさったそうで、幼いトモ子が芸能界で仕事をすることには大反対で、ずっとこだわり続けていたトモ子の祖母も、このときは「おそれおおいこと」と涙を流して感激したものです。

石川さんとの出会いは、たしか『独眼竜参上』という番組でのことでした。撮影は伊豆の湯ヶ島でおこなわれ、一年半も続きました。トモ子は学校に通いながら、雑誌の撮影、バレエの稽古、歌のステージ、それに映画『丹下左膳』のチョビ安役を演じたのも、この頃だったと思います。びっしり詰まったスケジュールを、石川さんは実に要領よく整理して便宜をはかってくださいました〉

埋葬地を探す日々

〈その石川さんをトモ子は〝お兄ちゃま〟と呼んで慕い、ロケ先では学校の宿題などもよく教えていただいたものでした。

「久しぶりにお母さんも一緒に食事でもしませんか」

と、石川さんから電話でお誘いを受けたのは、墓参旅行の前年の秋でした。三人でなつかしい昔話をしているうちに、夫のお墓さがしのことが話題に上りました。

「大使館やノーボスチ（ソ連の通信社）に渡航の申請書を再三提出しているのに、どうしてもオーケーが出なくて……」

トモ子がこれまでの経過をお話ししました。

「今がチャンスかもしれないよ。すぐ、資料を持っていらっしゃい」

その頃、日本テレビではモスクワのラジオ・テレビ委員会を窓口にソ連での取材の交渉をなさっていたようです。話はトントン拍子に進み、十二月にはスタッフの方が現地のロケハンに出かけ、私たち母娘の出発は五月と決定しました。

長年の悲願がやっと神さまの耳に届いた、そんな思いでした。

ハバロフスクから列車で約八時間、レソザボックの街に着いたのは、五月八日のことでした。

レソザボックは人口約五万六千人の木材産業の街で、このあたりで宿泊設備のあるのはこの街だけとのことでした。夫が眠るフィヨドロフカに近いシマコフカ駅には車で約一時間、そこからフィヨドロフカへはさらに二十分ほどかかります。

私たちはレソザボックの宿舎を拠点に、フィヨドロフカの墓地さがしに出かけることになっていました。しかし、中ソ国境に近いこのあたりは、外国人の立ち入りに関してうるさく、段取りはスムーズにはいきません。心身ともに疲れきって宿舎に帰る日が続きました。

宿舎はホテルではなく迎賓館（?）なのでサービスなどは一切ありません。従業員は女性が多く、日本人を見るのははじめてのようでした。ただ、私たち母娘の事情はよく知っているようで、皆さん温かく接してくれました。

私の部屋は特別に大きく、夜のミーティングには全員が集まり、真剣な討議が交わされました。

フィヨドロフカにあった収容所は、主人がいたものに間違いない。ただ、墓地は私たちがさがしているものとは違うようだ。収容所近くの小高い丘の上からの眺望は、夫の戦友・住谷さんのスケッチにそっくりだが、右手の小さな丘の中に描かれたお墓は収容所からは遠すぎて、人間の手で遺体を運べる距離ではない……。

毎晩、それぞれに地図を描きながらお墓さがしの討議が続きました。

出発前、私は私なりに手がかりを求めて、いろんな方たちから情報を集めたりもしました。厚生省引揚げ援護局で調べていただいた主人と同じ隊の人たちにも問い合わせの手紙を出したりしました。いろいろご返事をいただいたものの、何分、古いことで、また当時の状況からはっきりしないことも多く、お墓の場所を特定できる情報は皆無に近い状態でした。

主人の所属した岡崎隊の隊長さんはご健在で、神戸のホテルでお目にかかることができました。今でも軍服が似合いそうなキリッとした方で、住谷さんのスケッチをお見せすると、すぐ反応を示されました。

「ここは汽車から降ろされて、最初に入ったところだと思うが、またすぐ別のところに移動した」

「そんなに早く死者は出なかったはずだが……」

そんなお話の中で、捕虜収容所では軍隊の階級制度がそのまま続き、隊長には二人の兵士が身のまわりのお世話をしていたことなどを知り、大変驚きました。武装解除後は、捕虜は皆平等に扱われていたと、私は思い込んでいたのです。

「それでは統率がとれなくて、バラバラになりますから」

岡崎元隊長は胸を張ってそうおっしゃいましたが、私の心中は複雑なものもありまし

た〉

母は喪服で墓標の前に立つ

フィヨドロフカ村の若い村長・セルゲイさんの案内で、アンナさんという女性を訪ねた。捕虜収容所や日本人の埋葬された墓地のことを知っているのは、彼女とアナスタシアさんの二人の女性しかいないということだった。同じ年代の男性たちは、すべてドイツとの戦争に駆りだされ、戦死したり行方不明になって、故郷のフィヨドロフカに帰ってこなかったのだという。

「雪が溶けて春が来るのを待っていましたよ」

握手をするアンナさんの手はとても力強い。去年、ロケハンに来た石垣さんたちと会い、事情は知っていて、アンナさんは私たち母娘の来訪を心待ちにしていたようだ。

一人暮らしのアンナさんの家はちいさくて、土間に鶏が歩いている。隅の木箱には生まれたばかりの小猫。アンナさんのベッドには白いレースのカバーがかかり、壁にはセピア色にあせた古い写真がいくつも貼ってあった。

さっそく、住谷さんのスケッチをひろげて、アンナさんの記憶にある日本人捕虜の葬られた場所に案内してもらった。家から車で十分ほどの距離、車を降りたアンナさんは雑木林の中を先に立って、小枝を折りながら歩いてゆく。早くて、とても追いつけない。

やがて、アンナさんが指差すほうを見ると、土がこんもりと丸く盛り上がっていた。確認しただけでも六つはあった。もっとあるに違いない……。踏まないように慎重に歩く。

ここに葬られた人たちは、半世紀近く訪れる人もなく、どんなに淋しい思いをしていたことだろう。そう思うと、目頭が熱くなる。母は土饅頭の上の枯れ枝を払い、手を合わせている。突然のことで、お線香の用意がなかったのが悔やまれる。

父の死から四十五年後、私たち母娘はシベリアの小高い丘の中腹に立っていた。

その南向きの斜面は、稜線の流れ具合など、住谷さんのスケッチに大変よく似ていた。ソ連当局から許された時間はもう過ぎていた。母のほうを見ると、ひざまずいて熱心に土を撫でている。

「トモ子ちゃん、ここにしましょう。ここでいいわ」

顔を上げた母が、ポツンと呟いた。

足元に三本のコスモスの若葉が頼りなげに揺れていた。スケッチに添えられた住谷さんの文章にも、コスモスが美しく白く咲いていたと書かれていた。そんなことも、ここを父の埋葬場所と、母を納得させる理由になったようだ。

目の前に、柏の木が繁っている。周囲を見渡すと、その風景はたしかに住谷伸一さんのスケッチに似ていた。

〈小高い丘に南向きに立てられた墓標。他の墓標より、すぐれて立派でした（他は全部丸太）。

肌寒い秋の夕暮れ、すっかり紅葉した雑草を刈って、私と同僚二、三名で土を掘りました。字は小隊長（岩本少尉）が書き、外套と毛布で包んだ高橋君を私が静かに下し、墓標を立てた時、夕日が赤く当たってゐたことを覚えてゐます。

小皿にのせた黒パン一つ、それに空罐（高橋君が常用してゐたアメリカ製の美しいもの）に水を一杯にして——。西側のコスモスは、二、三日後、私がお参りして、途中の秋草の中から掘って移植したもの。美しく白く咲いてゐました。今年も咲いてくれることでしょう。背後にはかしわの灌木が紅葉してゐました〉（原文ママ）

お墓のスケッチには、そんな文章が添えられていたのだった。

「似ている、本当に似ている！　きっと、ここに間違いないわ」

私たち母娘は、それぞれ胸の中で自分にいい聞かせるように呟いていた。だが、確実なあかしがあったわけではない。四十五年の歳月が流れていた。

卒塔婆を立てる穴掘りの作業が始まった。

「日本のほうに向けてね」

そうお願いして、私はリュックをおろし、東京から持ってきた八十本の真っ赤なローソクをとりだした。父と同じ丘には八十人の人が眠っていると、住谷さんから聞いていた。

私はローソクを立てる畝《うね》を作る作業にとりかかった。不思議そうな顔で見ていたフィヨドロフカの村の人々も、次々に近寄ってきて手伝ってくれた。

大地に膝をつき、首を傾けて斜面を見ると、ところどころ茂みの土が盛り上がっているようにも思えた。そんな場所を幾つも幾つも、素手で土を掘る。

何かが出てくるかもしれない。何か指先に引っかかってほしい！　そんな思いを胸に、私たち母娘は必死で掘り続けた。

あっ、触った！　錆《さ》びて赤茶けたアメリカ製の空缶だった。心の中で、鼓動が高まる。もしかして、これが……。しかし、期待に反して、その空缶は戦後のものだった。

私たちは黙々と掘り続けた。私は母が何かを発見して声を上げるのではないかと、最後にはそんなことさえ願いながら掘り続けていた。が、何も聞こえない。私の耳に届くのは、シベリアの風がカサカサと草をかき分ける音ばかりだった。

ふと、母のほうを見てびっくりした。喪服姿に変わっていた。いったい、いつの間に……。ブルゾンの下は喪服だったのだ。それは亡き夫に会う妻の精いっぱいのおしゃれだったに違いない。薄いチュールの黒いリボンが胸のあたりでキラキラと輝いている。

一方、私はといえば派手な黄色のブルゾンに山歩きの帽子、まるでワンダーフォーゲルみたい……。

なんとも対照的な恰好で、私たち母娘は〝父の墓標〟の前に立った。

緑の料面、柏の木の下に色とりどりのバラとカーネーションの花、八十本の真っ赤なローソクの火が風に吹かれて右に左に揺れている。喪服姿の母が絵のように美しい。

わずか半年あまりの結婚生活、幼子の私を抱えての奉天での日々、引き揚げ船での苦労……。母にはさまざまな思いが込み上げてきたに違いない。

日本に帰国したあとも、母は父の帰還を信じて疑わなかった。父がもう帰らぬ人であることを知らされたのは、その死から五年後のことである。

父の墓標に向かった母の目に涙はなかった。が、呟いた声は泣いていた。

「ここにたどり着くのに、四十年かかりました……」

長い道のりの果てに

アンナさんのご主人も、あの戦争に駆りだされ、今も消息不明のままだという。彼女は女手ひとつでトラックの運転手をしながら畑を耕し、四人の子供を育て上げた。私の母と同じ六十九歳。娘のジェナさんは一九四三年生まれで、私と同じように父の顔を覚えていない。

私は父の墓標に向かって語りかけた。

「今、ここに母を連れてきました。母は美しいですか。変わりましたか。母はあなたとの約束を守りました。でも、あなたは母との約束を守れませんでしたね。どんなに日本に帰

上と中・シベリア訪問の同じ年の4月、瀋陽（旧奉天）を訪ねることから私たち母娘の墓参旅行は始まった。

下・異国の丘で父の埋葬地を探す。母はブルゾンの下に喪服を着ていた。

上・1990年、父の墓参のためにシベリア・ウスリー州フィヨドロフカを母と訪ねる。

中・収容所や日本人墓地のことを知っているたった二人の生き証人の一人、アナスタシアさんと。

下・1998年、ゴルバチョフ夫妻にインタビューした時の一枚。

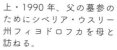

りたかったことでしょう。

手帳の切れ端に、母の名前、私の名前、私たち母娘の名前をびっしりと書き込んで病に負けまいとした気持ち、あなたの無念さがあらためてよくわかります……」

お父さま！　私ははじめて声に出して父を呼んだ。

父は出征するとき、〝絶対に生きて帰ってくるから待っていてくれ〟と母にいい残していったそうである。

「そんな言葉がどうしても忘れられなくて……。だって、たったひとつの約束ですもの、守ってあげなければ。他に何もしてあげられなかったんですから」

母はそう答えていた。四十年以上も一緒に暮らしている娘の私もはじめて聞く話だった。ああ、そうだったのか……、私は少なからず驚いた。

二十四歳で未亡人になった母には、再婚話もいくつかあったらしい。それを断って、母は祖母と娘の私と三人だけで生きてきた。

再婚話を断ったのは、幼い頃から芸能界に入った私のせいだと、ずっと負い目のようなものを感じていた。

それが突然、「トモ子のせいではなかったのよ！」だなんて……。ホッとするよりは、なんだか淋しい気持ちにさえさせられた。でも、それが母の真実だったのだと素直に納得もできた。

フィヨドロフカの小高い丘の上ではるかな大草原を見下ろしていた母の横顔を、私は一生忘れないだろう。


夕方、村の集会場で心づくしの歓迎会がひらかれた。ご馳走は胡瓜のスライス、ピロシキ、ケーキ、それにシャンパンとウオッカが並ぶ。

「生まれた国は違うが、戦争で同じ哀しみを背負った女性が今、ここで会った。二人の流した涙と苦労の重さは計り知れないが、国の違いを乗り越えて親しく語り合ってほしい」

セルゲイ村長の挨拶は心にしみるものだった。

シャンパンを片手に座っている母の脇で、アンナさんはウオッカをクイックイッとたて続けに五杯もあおり、陽気にしゃべりまくっている。娘のジェナさんは、そんな母親を〝辛いことがいっぱいあったから〟とでもいいたげな優しい目で見守っている。

アンナさんは母にしきりに話しかけている。

「あなたの顔にはどうしてシワがないの？　どうして髪の毛がそんなにあるの？」

いわれてみれば、二人はとても同じ年齢には見えない。日焼けしたアンナさんの顔や首には深いシワが縦横に走っている。

「あなたは何をして働いていたの？」

働くことイコール肉体労働と思っているアンナさんの問いに、母は返答に窮している。その間も、アンナさんはウオッカをあおり続け、「飲みなさい。こんな美味しいものを……」と、母にすすめている。

急に男性陣がドドドッと部屋から出ていった。何事かと驚く私に、誰かがタバコを吸う真似をして見せる。通訳のロマノフスキーさんは、ペレストロイカがこの地方に来るには五十年から百年はかかるだろうといったけれど、室内禁煙は欧米並みの速さで浸透しているようだ。

通訳もいなくなって、即席のロシア語も使い果たした私は、仕方がないので歌を披露することにした。がらんとした集会場に声がよく通る。

♬はてしない　草原に
馭者ひとり　たおれふしぬ

ふるさとは　遠すぎて
死は近く　力つきぬ
わが馬よ　聞いてくれ
お前だけが　最後の友
この指輪　この想い
わが妻に　届けてくれ
わが妻よ　悲しむな
この荒野に　われは眠る
いざさらば　わが馬よ
ふるさとの　父よ母よ

歌声を聞きつけて男性も戻ってきて、思いがけない大合唱が始まった。偶然のことだが、私のうたった歌はこの地方の民謡だった。日本では『草原』という題がつけられているが、ここでは『異邦人』という題がついているのだそうだ。

知らない土地で死んでゆく旅人が死ぬ前にもう一度、バイカル湖畔の故郷へ帰りたいという気持ちを歌ったものだという。

あちらの人たちの声は素晴らしい。『トロイカ』『カチューシャ』『百万本のバラ』……、次から次へと合唱は続き、最後にいい気持ちに酔っぱらったアンナさんが立ち上がり、腰に手をあてコザック風のダンスを踊る。私がお相手をすると、いっそうハッスルして踊り狂う。手拍子と靴音が鳴りひびく中、母も楽しそうにリズムに合わせて首を振っていた。

抑留者の集いで『シベリア夜曲』を歌う

平成三年（一九九一年）四月、ゴルバチョフ大統領夫妻の来日のニュースを、私は自宅のテレビで一心に見つめていた。満面に笑みをたたえて羽田空港に降りたった大統領の姿は自信にあふれ、どっしりと輝いて見えた。

私たち母娘の長い間の念願がかなない、シベリアの地に父のお墓をさがしに行けたのは、ゴルバチョフのペレストロイカのおかげと、私は感謝と親愛の情をもって画面に見入っていた。もっとも、隣にいた母はポツリと、こんなことを呟いた。

「ちゃんと謝っていただかなくてはねえ」

前年の墓参で一応の心の整理がついたように見えた母だったが、父の無念さを思う気持ちは逆にいっそう深くなっていったのだろうか。不可侵条約を破って突然参戦し、六十万人の捕虜に施設も整わない酷寒のシベリアで労働を強いて、多くの犠牲者を出したソ連への思いは複雑なものがあるようだ。

このゴルバチョフ大統領の来日の半年ほど前、私は全国抑留者補償協議会の斎藤六郎会長（当時）から一通のお手紙をいただいた。

〈酷寒の地シベリアに強制連行された日本人捕虜たちの間で広く歌われ、生きる支えともなっていた『シベリア夜曲』を、来年一月の抑留者の集いで、遺児であるあなたにぜひとも歌ってもらいたい……〉

そんなことが書かれていた。日本テレビのシベリア墓参旅行の番組を見て、私がシベリア抑留者の遺児であることをお知りになったことからの発案だったようだ。

手紙と一緒に『シベリア夜曲』の歌を吹き込んだ四本のテープも送られてきた。各地の収容所で譜面のないまま口移しに愛唱されていたため、この歌はいつの間にか四通りの曲になったものらしい。〈どれでもお好きなものを選んでください〉と書き添えられていた。

曲調は演歌っぽくて、はたして私に歌えるかどうか、一抹の不安もあったが、斎藤さんの申し出は喜んでお引き受けすることにした。一度も対面することのなかった父への親行になるかもしれない、そんな気持ちに強く動かされたからである。

〝日ソ親善シベリア抑留者の集い〟は、同じ平成三年一月十一日、山形県鶴岡市で開催された。折悪しく雪が舞い落ち、しんしんと寒さが身にしみる日のことだった。この鶴岡市がシベリアから元気でお帰りになった方が一番多いそうだ。ホテルの会場だったが皆さん長靴だった。七百人を超える元抑留者の人々が会場を埋めていた。

この日、会場では四月のゴルバチョフ大統領の来日を前に、二千名のシベリア抑留死亡者の名簿がソ日相互理解協議会のアレクセイ・キリチェンコ議長から斎藤会長に民間レベルで手渡される予定もあって、報道関係者も多数つめかけていた。

ソ連側からは、ドキュメンタリー映画『ああシベリア』の撮影のために来日中の国営ラジオ・テレビ委員会のスタッフも駆けつけ、カメラを回していた。

が、どういうクレームがついたのか、二千名の名簿引き渡しは中止になり、当日はイルクーツク州の六十名の名簿だけの公開に変更になった。

会場のあちこちから、またか！　という溜め息が聞こえてきた。

「なぜ、名簿を公開してはいけないのか、外務省の姿勢がわからない。最近はペレストロイカでソ連側の情報公開もどんどん進んでいるのに、いったいどうしたことなのか！」

挨拶に立たれた斎藤さんの口調には大変激しいものがあった。この四十数年、体制の異なるソ連を相手に、ひらかれない扉を叩き続けてこられた斎藤さんだけに、その口惜しさは計り知れぬものがあったのだろう。

私たち母娘のささやかなシベリア墓参の願いでさえ、

「そんなところにお墓なんてありません！」

と、とりつくしまもなかった。四十数年を思うと、斎藤さんのお気持ちは痛いほどわかった。

「たくさんのお父さんができました」

「今日のコンサートは、聴衆全員をあなたのお父さんだと思って歌ってください」

斎藤さんは、そうおっしゃった。でも、私の瞼《まぶた》の裏にある父の姿は、出征前の写真に写っている若い、若い父である。正直にいって、とまどいも感じざるをえなかった。

「私は父の顔を知りません。だから、お父さん、パパ、オヤジさん……、そんな呼びかけを一度もしたことがありません。母と二人っきりで生きてきました。もし、私の父が無事に帰国していたら、今日の、この会場の皆さまのように、やさしい目で私を見てくれたでしょうか」

私は正直に自分の気持ちを会場に向かって語った。

♫ああシベリアの　七つ星
眺める夜空は　変わらねど

息吹も凍る　密林の
拓く茨の　身はさみし

『シベリア夜曲』を歌い始めると、会場のあちこちから呻《うめ》くようなどよめきがおこり、やがて歌声がかえってきた。

ああなつかしい　山や河
無事で帰った　その時は
肩をたたいて　母さんに
語り聞かそよ　北の星

ああはてしない　大空に
何で想いが　届こうぞ
伝えてほしや　ふるさとの
母よ達者で　いつまでも

頬をぬらしている方もいる。途中で嗚咽《おえつ》し歌えなくなった方もいた……。四十数年間、この歌は元抑留者の方たちの胸の奥に生き続けていたのだろう。はてしない大空を見上げ、酷寒の地で故郷を想い、この歌がうたわれていた情景が、私の瞼にも浮かんできた。

大合唱が終わると、聴衆の皆さんが一人ひとり、手に一本の真っ赤なバラを持って、ステージに上がってこられ、私の前には長い列ができた。

「無事に帰ってきてすみません」

「生きて帰ってきたことをゆるしてください」

次の方も、次の方も、同じ言葉。一本のバラが、やがて大きな花束になり、私の目はかすんでしまった。

ご無事に帰っていらしてありがとう、父の分まで長生きしてください、というつもりで歌ったのに、この方たちは私に許しを請うた。私の目から涙があふれ、もうどうにも止まらない。

「お父さん、今日、私にはたくさんのお父さんができました」

父に向かって、私はそう呟いた。

はじめて参加させていただいた元抑留者の集いは、前年のシベリア墓参と共に、私には忘れられない出来事になった。

私は一人、父の古い写真を眺めながら、フィヨドロフカで出会ったアンナおばさんやアナスタシアおばさんを思い浮かべた。

あの人たちもまた、母と同じように戦争の犠牲者だった。ドイツとの戦争で夫を奪われ、幼い四人の子供を抱えて、トラックの運転手をしながら女手ひとつで必死に生きてきたアンナおばさん……。

彼女は私たち母娘に会うために精いっぱいのおしゃれをし、胸には長年の労働に対するご褒美の勲章をつけて待っていてくれた。でも、その陽焼けした顔に刻まれた深い深いシワは、ひとつひとつが彼女の苦しい人生を物語っていた。

「生きることに一生懸命で、悲しみにひたることもできなかったし、主人の消息をさがすゆとりなんて、今だってないわ」

アンナおばさんの言葉は、母や私にとっては、ある意味で大変厳しいものでもあった。

フィヨドロフカには、私の父と同じ世代の男性はほとんどいなかった。「どうしておじさんはいないの？」「この位の年の男はみんな、戦争に駆りだされ、帰ってこなかった」「この村に残っているのは女だけだよ」。戦争は父の眠るシベリアの地の人々の中にも消えることのない傷痕を残していた。こうした事実をまのあたりにし、戦争の悲惨さと愚かさをあらためて知ったことも、私にとっては貴重な体験だった。戦争はいけない。二度と繰り返してはいけない。偉い人は皆、そういう。でも今まで一日だって戦争がなかった日はあっただろうか。国が違う。宗教も違う。言葉も違う。でも残された女の悲劇は世界中、どこでも同じだ。

「無事に帰ってすみません」

私にバラの花を手渡しながら、ささやくように語りかけてくれた元抑留者の方たち……。

父の最期を知らせてくださった住谷さんもまた、そうだった。住谷さんの奥さまの話によると、住谷さんは帰国以来、ずっと私たち母娘に申し訳ない、そんな気持ちを抱きながら生きていらっしゃったのだという。

皆さん、誰もが心やさしい人たちばかりだった。それなのに、なぜ戦争がこの地上から消えてなくならないのだろう。

作曲者と語って実感した悲劇

元抑留者の集いで私が歌った『シベリア夜曲』は、長い間作曲者不明の幻の名曲といわれてきた。その後、新聞などで、作曲家さがしが始まった。

全国各地の元抑留者の方たちから、さまざまな情報が寄せられた。さまざまな説が登場したが、最後に札幌在住の吉沢勝人さんという方の証言で、『シベリア夜曲』の作詞・作曲者は大阪出身の堤正晴さんと判明した。

吉沢さんの話によると、この歌は、父が亡くなった翌年の四六年、バイカル湖の西側にあったネーブルスカヤの第三十三収容所で作られたそうなのである。

「この収容所に、音楽と劇でお互いを慰め合おうと劇団ができたんです。堤さんと私は、その劇団仲間。堤さんが作った『シベリア夜曲』を収容所の発表会ではじめて歌ったのが私でした」

吉沢さんは、北海道新聞の記事の中で、そう証言されている。楽譜も保存されていた。

もっとも、堤さんの消息は不明だった。

平成三年（一九九一年）十月、読売新聞のコラム「編集手帳」が『シベリア夜曲』と私のことに触れ、その中で作曲者の堤さんは帰国の夢を果たせなかったと報じた。幻の名曲の秘話らしい感動的な話であった。

ところが、堤さんは大阪の枚方市でご健在だった。読売新聞のコラムをご本人が読まれ、読売の大阪本社に連絡されたのである。

堤さんは帰国後、抑留時代のお仲間とは連絡をとられなかったことから、消息不明、そしていつしか帰国の夢を果たせず、シベリアで亡くなった……との話ができたものらしい。

翌平成四年四月、大阪でのコンサートの前夜、私は堤さんにお会いする機会を持った。消息がわかってからは、手紙や電話のやりとりはあったが、お会いするのははじめてだった。

堤さんは想像していたよりずっと若々しく、颯爽とした方だった。

「作曲者の私が死んだというストーリーもなかなかいいなと思い、このまま名乗りはあげまいとも考えました。でも、息子がそれも変だよというので、連絡したんです。ただ、『シベリア夜曲』は、もう私のものではありません。第一、いまだに歌い継がれてるなんて思いもしませんでした」

堤さんは淡々とした口調で、そうおっしゃった。

翌日のコンサートには、奥さまと一緒に会場にいらっしゃった。ステージに上がっていただき、私の『シベリア夜曲』をお聞きになった感想をお尋ねした。

「そうですねえ。当時は辛く苦しいことばかりだったので、あんなに悲しくは歌いませんでした。自分を元気付けるために、逆にテンポも早く、明るく歌ったものですよ。

この歌は収容所で故国をしのぶ仲間たちを元気付けようと作ったんです。そういう意味では、その役目はシベリアで終えたと思っていたのに、まだこんな形で多くの人たちに聞いてもらえるなんて……」

シベリア時代を思い出されたのか、堤さんの声は途切れがちだった。

辛く苦しいことばかりだったので、逆に明るく歌った……という堤さんの言葉に、私は胸を打たれた。そして、酷寒のシベリアに抑留された人々の想像を超えたご苦労をあらためて感じさせられた。

この歌がシベリアの大地で大勢の人たちに歌われた頃には、すでに私の父はいなかった……。そんなことを思うと、また胸にこみ上げてくるものがある。

平成四年にもまたゴルバチョフさんは来日された。しかし、もう大統領ではない。ソ連邦そのものが消えてなくなった。同じ人なのに、一年の短い時の流れで、これほど立場が変わってしまうとは、誰もが思い及ばぬ歴史の転換だった。

それにしても、父の名を記した名簿はいったいどこにあるのだろう。新聞に抑留者名簿が公開されるたびに、母と私はルーペを手に父の名前をさがすのだが、いまだに見当たらない。

モスクワなのか、ハバロフスクなのか、ウラジオストックなのか……。

会ったことのない父がずいぶん身近な存在になった気がする。それだけに、今度は父のお墓をはっきりと特定したい……、そんな思いにとらわれたりもする。人間って、ずいぶん欲の深い生き物なんだなあと思う。

フィヨドロフカのセルゲイ村長は、あの景色のよい丘の一帯を近い将来、観光客を呼べる公園にする計画だといった。シベリアの地も、日本に負けないくらいの開発ブームなのかしら？

「あの丘が公園になったら、お父さんの眠る場所は永遠にわからなくなってしまうわねえ。それどころか、私たちが作った墓標だってなくなってしまうわ」

「でも、あのあと、村のオーリヤさんやキシネフスキーさんたちが〝あのお墓は私たちが大事に管理します〟って約束してくれたじゃない。きっと守ってくれるわよ」

今度は、母が私を慰める番だ。

おかしな母娘と笑われるかもしれないが、私たちはそんなふうに励まし合いながら、二人三脚で生きてきた。

ときどき、私はフィヨドロフカの夢を見る。南側の斜面、柏の木がおい茂り、真っ赤な夕日が落ちる小高い丘……。母と二人で作ったお墓は、今はどうなっているのだろうか。

平成二年五月、思わぬことから実現したシベリア墓参。そして翌年一月の、シベリア抑留者の集いでの感激的な体験で、四十数年さがし続けた父はやっと私のところに帰ってきた。

シベリアの地で、私たち母娘の名前を呼びながら、手帳にも志奈枝、奉子と書き綴りながら、無念の想いを残して帰らぬ人となった。その字もかすれて読めなくなっている。肌身離さず持っていた母の写真はまわりがボロボロ。父はどんなに母に逢いたかったろう。まだ見ぬ私の顔を父はどんな風に想像していただろう。

第六章

母との一番楽しかった旅

ヨーロッパ列車旅を望んだ母

平成十年（一九九八年）、敬老の日、目黒区から母宛てに喜寿のお祝いが届いた。なかみは区内共通の商品券である。

「あら、もうそんな歳なの？」驚く私に、「まあ、いやーね」と母は照れている。とくに変わった様子もなく一緒に暮らしているので、少しも気づかなかった。たった一人の家族である私としては、ほっておくわけにはいかない。

「どこに行ってみたい？」

「そうね、ヨーロッパを列車で旅するなんてすてきでしょうね」

自分のことには万事控えめな母の口からいきなり〝ヨーロッパ〟とは、七十七歳にもなると人格が少し変わるのかしら。

私の脳裏には、アガサ・クリスティー作、名探偵エルキュール・ポアロが登場する『オリエント急行殺人事件』の場面が浮かんだ。

かつてはヨーロッパとアジアを結ぶ豪華列車として、王侯貴族や政府高官などを乗せた国際列車も、第二次世界大戦で中断され、その後、復活したらしいが、今はどうなっているのかしら。

調べてみると、見事に復元、改造された「シンプロン・オリエント急行」が、ロンドン～ベニス間を週に一～二度走っているとのことだった。

これに乗れば、母にとって永久に過ぎ去ってしまったと思われる古き良き時代の、その郷愁を招き寄せるよすがにもなるだろう。

かくて五月の末、母と私はヴァージンアトランティック航空で成田空港を出発、ロンドンのヒースロー空港に同じ日付の夕刻に到着した。空港には予約しておいたショーファー（お抱え運転手）が出迎えに来ていた。

グロブナー・ホテルへチェックインし、ホテルのロビーに沿った階段を降りると、そこはもうビクトリア・ステーション。明日乗車するオリエント急行の下見に行ったのだが、プラットホームがたくさんあり、あまりにも広くて見当がつかない。あっちこっち尋ねまわった末、やっと見つけたオリエント急行のオフィスは、すでに閉まっていた。

期待に反してとても小さい。本当にここでいいのかしら。案内所にあるオフィスに電話してみたが、誰も出てこない。

心配で心配で、翌朝八時半に昨日同様オフィスを覗いてみたが、ドアは閉まったまま。まさか倒産したんじゃないでしょうね。わるい胸騒ぎが走る。

いつか読んだ本には、オリエント急行が走る日は駅の風景が一変すると書いてあったけど、あたりを見まわしても、ロールスロイスもルイヴィトンのトランクも、赤い絨毯も見当たらない。

九時半に再び行ってみると、ごく普通のおじさんが、オフィスのシャッターをガラガラとあけているところだった。

「お嬢さん、まだ早いよ。十時頃に来てごらんヨ」

「ねえ、本当に今日走るの？」

彼はちっちゃなすすけた看板を指し、「十一時二十分頃、列車は入ってくるらしいヨ」。

母のほうが落ち着いている。

「トモ子ちゃん、じたばたするのはみっともないわよ。十時過ぎに来てみましょ」

それでもなお私は胸をドキドキさせながら十時に飛びこむと、係の人がちゃんといた。

胸をなでおろし手続きをしようとすると、

「荷物と一緒にチェックインしてください」

荷物はまだホテルに置いてある。係の人にポーターを頼むと、

「私どものサービスはここから列車に荷物を運ぶことです。ここまではホテルのほうへ頼んでください」

ホテルにとって返し、コンシェルジュに頼むと、

「ホテルのポーターはホテルから一歩も出られない規則です。したがってステーションに荷物は運べません」

「そこを何とか……」

「ではタクシーに乗り、このホテルをクルーッとひとまわりして駅の正面に着かれるのはいかがでしょう」

「だって駅はこの下じゃないの」

「まあ、ポーターのジョンが暇なようだったら頼んでごらんなさい。でもそれは彼の仕事じゃないんですヨ」

うーん、ジョンか。あのおじさんは苦手じゃのう。

昨日ホテルに着いた時、

「すみませんが、トランクを運んでくださいな」

とお願いすると、

「なに！　お嬢さん、この私にトランクを運べだと。そんな物は運びゃせんのだ」

シシャモみたいに曲がった顔で怒られた。

「だって、これはあなたのお仕事でしょ？」

ドアの外の二つのトランクを指すと、

「あれはスーツケースというんじゃ。トランクとは四角くて鉄でできていて、もっと大きいやつ。持ち運びのできないもののことをいうんだ。これはスーツケース！」

結局は運んでくれたけど、少し怖かった。もうたくさん。また何を言われるかわからない。仕方ない、私がやるっきゃない。

私としては、オリエント急行に乗車する時は、フェレの白いスーツに花の帽子をかぶって、靴はもちろんハイヒール……うんとおしゃれなファッション計画を立てていたのに、急遽カジュアルにチェンジ。靴もベタ靴。ホテルから駅への石の階段を、トランクではないスーツケースを二つエッチラオッチラ降ろし、広いビクトリア・ステーションを、カートに載せてカラカラ押していく。

見よ、このかいがいしい私の勇姿を！　友達に見せたいものだ。汗だくになり、化粧もおちてしまった。

傍らの母は、コートとハンドバッグを片手に、

「どうしてこの子は日本を離れるとまめまめしくなるのかしら。家ではまるで役に立たないのに」

と呟いていた。

トラブルは続く

やっと辿り着くと、小さなオフィスには人が溢れている。皆、せいいっぱいのおしゃれをして美しい。つば広の大きな帽子に手袋をしている人もいる。それにひきかえ、私のこの姿。

手続きをするため列に並んでいると、前の英国紳士に話しかけられた。

「今年、会社の役員をリタイアし、念願のオリエント急行にワイフと一緒に乗るんだよ。

ホラ、あそこに座っているだろう」

肥った夫人が側の椅子にうずくまっている。

そのうちに日本人のツアーが現れ、「あら、松島トモ子さんよ」「一緒に写真を撮って」と騒ぎが始まる。

「すみません、ひどい恰好をしてますので」

「あらっ、ちっともかまいませんのよ」

私のほうがかまうんだけどなあ。

ひとしきり撮影会が終わると、さっきの英国紳士が、

「君はそんなに写真写りがいいのかい？」

と不思議そうに尋ねた。

「今日はメイクもしていないし、ひどい恰好をしているけど、ふだんはもう少しましなんですよ」

「大丈夫、大丈夫。ナチュラルが一番すてきだよ」

と慰めてくれた。

前にもこんなことがあったっけ。外国のどこかの飛行場で、日本の観光客にとり囲まれ

写真を撮られていたら、外国人の男性が近づいてきて「君にはどうしてこんなにたくさんの親戚がいるの？」と聞かれた。あの時もロケの帰りで、ひどい恰好のままだったっけ。ひどい姿で記念撮影に入るのは、仕事柄つらいけど……ま、いいか。

「女優だ」といいたいけど、日本の評価が下がるだろうな……。

オリエント急行の発車する二番ホーム。栗色とベージュのツートンカラーのプルマンカーが私たちを待っていた。私の座席はミネルバという車両の二十一番。一両に二十数席だからゆったりとしている。テーブルには真っ白いクロスがかかり、セッティングがほどこしてある。蘭の花もかわいらしい。ＶＳＯＥ（ベニス・シンプロン・オリエント・エクスプレス）のマークがついたシャンパンをパーサーがついでくれる。私は心身の疲労に加えて少々空腹、グイと飲んですっかりいい気分になってしまった。

十二時十五分、何のアナウンスもなく、静かに走り出した。ヨーロッパは大人をちゃんと大人扱いしてくれるところだ。私も先ほどのドタバタぶりなどすっかり忘れ、化粧を整え、おおいに気取って白いテーブル前に座り直した。

シャンパンのおかわり、さらにワインも飲み、カナッペから始まる昼食のおいしいこと。メイン・ディッシュはドーバー海峡のヒラメにローストビーフ。そしてサラダ。イギリスに入ってから初めて、サラダにドレッシングがかかっているのを味わった。これまでは塩と胡椒のみ。

サラダの後はアイスクリームの入ったクレープ。非常においしい。母も大満足の様子。コック長が私たちの席に来て、「お二人の写真を撮りましょう」と笑顔で誘う。

「お嬢さんとの二人旅、マダムはお幸せですね」

フルムーンのカップルの多いなかで、母娘という組み合わせが珍しいらしく、私たちに寄せられる視線は温かだった。

車窓には若草色の田園風景がゆったりと流れていく。牛や羊が列車の近くまで寄ってくる。乗り物は早く目的地に着くのが最高と思っている私には、この時計が止まってしまったような優雅さがなじめない。お尻がむずむずしてしまう。

フォークストンに着くと、デキシーランド・ジャズの生演奏が始まり、乗客たちは全員ホームへ降りる。私たちも降りてぶらぶら遊んでいたのだが、パーサーが真っ赤な顔で飛んできて、

「ここで船に乗りかえていただきます」

私たちの手荷物を全部かかえて息をはずませている。

「えっ！　ドーバー海峡はトンネルの中を走るんじゃないの？」

「いえ、乗りかえです」

そういえば、一泊するにはこの車両は短すぎる。六両編成のプルマンカーは食堂車だけだったのか。

東京で旅の準備をしている時、母に「ドーバー海峡はどうやって渡るの？」と聞かれ、「ロンドンからオリエント急行に乗ればそれでいいのよ」と答えた。私は出発直前まで仕事に追われていて、先のことは日本を出てから考えようと決めていた。いつものいい加減さがここでたたった。ホームにはもう誰もいない。迎えに来た案内係の女性のあとを追って、荷物もろとも大あわてで船に走りこむ。

ＶＳＯＥの乗客用特別室に案内されたが、今度は乗船券が見つからない。どこかで落としたらしい。

さっきの女性が新しい別の切符をそっと渡し、

「フェリーから降りる時は私を探してね。はぐれちゃ駄目よ。私も母と旅行するのが夢だったのよ」

「すみません」

それにしても、「列車を降りてフェリーに乗ってください」とひと言アナウンスしてくれればいいのに。あーあ、やっぱり大人扱いに馴れていない日本人の自分を痛感する。

美しい思い出

ブローニュ港に着くと、ホームには濃紺に金色の文字が美しいワゴン・リ（寝台車）が待機していた。なるほどこういうことだったのか。コンパートメントに入ると、ロンドンでチェックインしていたスーツケースが置いてある。

列車の編成は三両のレストランカー、二両のシングル・ルーム、残りの八両はツイン・ルーム。部屋はしっとりとした茶色で、貝と寄せ木の象嵌《ぞうがん》細工が美しく輝いている。とりわけすてきなのは、正面にある大きな窓。広いソファは夜には、二段ベッドに変わるのだろう。丸くカーブした扉を開けると、明るい洗面所が現れた。でも想像していたより狭い感じ。『オリエント急行殺人事件』の現場には、小さすぎるんじゃないかしら。

「この部屋は昔の二等室で、殺人現場はもっと広い一等室かスイートだったのよ、きっと」

などと名探偵ポアロに話がとんだ。

スチュワードがノックして入ってくる。

「ご用はありませんか、マダム。私の名前はシャルル。フランス人です」

ブルーの制服がよく似合うハンサム青年だ。

「ついてるわね」

と母も満更でない様子。私たちはますます上機嫌になった。

「夕食は何時にいたしましょうか」

七時の予約をとり、時刻を待ってレストランカーへ赴く。男性はタキシード、女性はいろいろだが、肩を露出したイヴニング姿が多い。お年を召した方は、豪華な宝石をたくさん身につけている。

母はビーズが光る藤色のドレス。この場の雰囲気にふさわしく、娘の目にも優美に映る。立居ふるまいも悠然としてレディじゃのう。

興味しんしんでキョロキョロしているのは私だけみたい。シャンパン・クーラーが運ばれ、アントレは貝柱とザリガニ。メイン・ディッシュはピンクにローストされた鴨の上に生のフォアグラをのせたもの、子牛の煮こみに胡椒の入ったクリーム、そして温野菜。デ

上・2016 年、発症直前の一枚。
右・2015 年、ウェスティンホテルにて。
下・1998 年頃の母。撮影・松島トモ子。

ニューヨークでの留学先、ザ・マスターズ・スクール卒業式のパーティーに日本から駆けつけた母と。

左・生前の父が肌身離さず持っていた母の写真。住谷さんがシベリアから持ち帰ってくれた。

下・セーラー服の母。女学校時代のスナップ。

ザートはココナッツミルク・シャーベットにパイナップル、フレッシュ・チーズにコニャック。そしてコロンビアン・コーヒー。

夕食後はサロンカーに行ってみる。グランドピアノの演奏に、寄り添ってグラスを傾ける絵のような老夫婦、一郭には賑やかに盛り上がっているグループもある。

キャビンに戻ると、細身の私たちでも着がえたり洗面したり、二人で動くには狭い。サロンで肩を抱きあっていた肥めのカップルたちは、きっと体がぶつかりあって、さぞかし窮屈なことだろう、などとよけいな心配をしながら二段ベッドの上段にのぼり、「おやすみなさい」。母が満足しているといいけれど……。

翌朝八時、シャルルが朝食を運んで来てくれた。クロワッサンにコーヒー、果物。

列車はアルプスの山脈に沿って走っている。チューリッヒを過ぎる頃かしら——広い車窓から美しいアルプスの山なみが見える。母が一番楽しみにしていた風景だ。列車の平均速度は時速七十二キロ、勾配の激しい山道をあえぎながら行く。

サウンド・オブ・ミュージックの歌を口ずさんでみた。インスブルック中央駅に降り、おいしい空気を胸一杯に吸いこむ。ホームの端から端まで、全速力で走ってみる。

カメラのシャッターを切った。

山が迫るなかひっそりと佇むオリエント急行は、優雅で美しい老婦人。車体を掌で撫で、過ぎ去った栄光の日々の話を、そっと聞いてみたくなる。

インスブルックを発車後、昼食をとりヴェローナへ向かう。飛行機だとロンドン～ベニス間はたったの二時間強、それを三十時間もかけて、イギリス、フランス、スイス、イタリアと四カ国を走り抜ける。飛行機では知ることができない国と国との距離を実感した。こんな地形ならヨーロッパ人が何カ国語もしゃべれるわけですね。

午後六時、ベニス湾にかかる長い鉄橋をゆっくりと渡り終えた列車は、サンタ・ルチーア駅へ入る。

駅にはベニスのホテルからの迎えの船が待っているはずだ。オリエント急行の三十時間の長旅もこれで終わった。次なる機会には行路を逆にとり、イスタンブールからブカレスト、そしてパリにまで、また母と一緒に乗ってみたいと思った。

ガラス細工の名産地ムラーノ島から、注文しておいたベネチアン・グラスのティーカップが船便で届いた。帰国から二ヶ月がたっていた。

「あらっ、ガラスの色は淡いバイオレットだったのに、ブルーになっているわよ」
「光線の加減でいろいろに変わるってシルビーノさん（店長）がおっしゃってたでしょ」
と、母は言った。

現在九十八歳の母の掌に、カップをそっと載せてみる。金箔の縁どりにエナメル彩色された白い花が咲き、ガラスはまわりの色や光の具合で青から緑、緑から紫へと微妙に変化する。うっとり見つめていると、幻想的な世界に引きこまれてしまい、イメージが広がる。

でも母は、きれいね、きれいねというばかり。

水の中にぽっかりと浮かんでいたベニスの教会、運河すれすれに立ち並ぶ豪華な宮殿や寺院、彫刻を施した半月形の橋、母と二人でさ迷い歩いた細い路地裏、さまざまな光景が、浮かんで消える。

正気の頃の母は、この旅が一番好きな思い出だった。「あれは、楽しかったわね」と何度も聞かされた。もう母との旅は無理かしら？

第七章

もう一度介護の日々、そして現在

母をコンサートに連れていく

たくさんの方に助けていただき、母の症状は少しずつ落ち着いてきた。暴力をふるったり暴れたりする時間も減ってくると、私の体調も回復に向かった。舞台に立つことも考えられるようになっていった。

私は平成二十三年から毎年、春と秋の二回、東京都世田谷区にある成城ホールでコンサートを開いている。ピアノとマイクと私だけの、シンプルな舞台。私は歌い、踊って、おしゃべりをする。時には一人芝居、時にはゲストを迎えてトークショーをすることもある。おかげさまで毎回、たくさんの方が観てくださる。

母の発症の翌年、平成二十九年は五月十七日に開催が決まった。私は訪問医の橋本先生に、母を会場に連れて行ってコンサートを観せたいといった。

「とんでもないことです。舞台は急に明るくなったり、暗くなったりするでしょう。そういう環境の変化は、レビー小体型認知症の患者さんには耐えられません」

「いえ、大丈夫です」

キッパリとした言葉が思わず口をついて出て、私自身も驚いた。お医者さまにこんなにはっきり反論できたのは、初めてだった。

「母は私が三歳の時から、私の舞台に付き添っているのです。私たち二人にとって舞台は職場なんです。命です」

そうなのだ。これは、きっとお医者さまにもわからない、母と私だけの絆だ。

日比谷公会堂の初舞台の時、ひとりで舞台のセンターまで駆けたけれど、その遠いこと。どこが真ん中やらわからない。舞台の前、母は三列目の客席の真ん中に席を取り、ハンカチを振っていた。

「ママはここですヨ」

私は、母のハンカチ目指して一生懸命走った。張り切りすぎて転んだけれど、これもご愛嬌。それから母は、いつでもどこでも一緒だった。

さすがにもうハンカチは振らないけれど、この客席に母がいる。唯一の味方がいてくれる……。それが今でも私の心の支えなのだ。

「母を絶対、連れて行きます」

私は強くいい張った。橋本先生もしぶしぶ納得してくださった。

コンサートの当日、母の隣には、母がいつもお願いしている美容師さん二人と親戚のマーちゃん、それから運転手さんという四人の付き人に並んでもらった。偉そうなことをいった私だけれど、もちろん不安でいっぱいだ。席は楽屋に一番近いところ。楽屋のトイレにも近いし、万が一騒ぎ出した時も対応できる。

幕が上がった。ライトに照らされた舞台の上からは、客席は見えにくい。それに私はあえて見ないようにしていた。プログラムには私が客席に降りて、会場のお客さまと一緒に歌う場面もあったのだが、母を見たらきっと私は平静に歌えなくなる。そう思って、いっしょうけんめい違う方向ばかりを向いていた。後で聞いたら、この時母はにっこり微笑んで、お客さまと一緒に歌を歌っていたそうだ。

これまでは母は私のプロデューサーでもあったから、舞台の出来に目を光らせていたものだ。けれども今日は楽しんでいた。大成功だ！

次にお医者さまにお会いした時、思わず握手してしまった。

「ほら、大丈夫だったでしょ？」

橋本先生はこうおっしゃった。

「心配で何度も電話しようかと迷ったのだけど、あなたも忙しいだろうと思ってしませんでした。いや、これは勉強になりました」

昔、美空ひばりさんのお母さまは、コンサートではいつも客席の一番後ろの監事室にいて、遠い舞台の上で歌っているひばりさんに向かってペンライトを振っていた。

「お嬢、私はここにいますよ」

「大丈夫、うまくいってますよ」

何千人というお客さまを前にしていても、ひばりさんはいつもお母さまの振るペンライトひとつに向かって歌っていたに違いない。私にはそれがわかる。芸能界は恐ろしいところだ。大スターだって、私だって、味方はこの世にただひとり。母だけなのだ。

「ずっと一緒にいましょうね」

今、私は自宅の一階にある稽古場の椅子に座って、この原稿を書いている。母が発症した三年前のことを考えると、夢のようだ。母の寝ているすきに、暴れがおさまった時に、私はメモをとっていた。

二月三日の母の誕生日、大好きな三月三日のおひなさま、七月の私の誕生日、クリスマスイヴ……。そうした節目の行事を、この三年間は何もかもすっ飛ばしてしまった。だからところどころ、私の記憶がぼやけているのも仕方がない。私は今、七十三歳？　七十四歳かもしれない。ときどき計算が合わなくなる。

結局のところ私はまだ七十三歳らしい。一つでも、ちょっと若い。得をした気分だ。

記憶が曖昧《あいまい》になってしまうので、仕事のない時は努めて日々の決まったスケジュールを手帳に書き込む。

朝五時、おむつ替え。九時半朝食、薬。

午後一時ごろ昼食、薬。三時半、おむつ替え。

夕食、薬。お風呂。夜用の大きなおむつに替える。

えっ、一日の仕事が三行で終わり？　とんでもない。朝のおむつの中身が〝シンギング・イン・ザ・レイン〟つまり雨だけ、水だけだったらよいのだが、そうでなかった場合、母をお風呂に入れて洗濯機を回し、シーツから何から替えるのに大騒動。いかにもかいがいしく、偉そうに書いているけれど、実は私、七十歳まで家事をやったことがないし、子ども育てたこともない。おむつの中身が大物の場合はなすすべもなく、近所に住んでいる親戚のマーちゃんに、ベショベショ泣きながら電話をする。

「マーちゃん、助けて！」

「トモちゃん、ほっときな。下手にさわるんじゃないよ」

おっとり刀で自転車で駆けつけてくれる。ヨッ、スーパーマン！　食事をするのだって、ふつうじゃない。じゃれているのか、私と一緒にいたいのか。母の食事は一時間半ほどかかることもある。

私のいない時に食事の介助をマーちゃんに頼むと、二人でムッとにらみあっていることもある。

私と母は「一卵性親子」だ。さぞかし普段からベタベタしていると思っている方も多いだろうが、実際は二人とも照れ屋。子どもの頃はいざ知らず、まるっきりスキンシップが下手だった。

私は十八歳でアメリカの高校に留学した。その卒業式の日、母ははるかかなたの日本からはるばる飛んでやってきた。その頃の日本とニューヨークは今よりずっと遠くて、通信手段といえばほぼ手紙だけだったし、ましてやおいそれと会いに行ける距離ではなかった。

その親子が二年ぶりの再会。友だち、寮母さん、学校の先生、みんな固唾《かたず》を飲んで見守っていた。期待されていたのは熱烈なハグ、母の涙、娘の涙……。なのに、

「あっしばらく！」

「元気そうね」

これでドラマはジ・エンド。観客のガッカリしたこと。けれどもアメリカ人はご存じあるめえ。母と私の、胸に秘めたる深い思い……。あっさりしていることが深いのだと。

母が弱ってきた時、手をつなごうとしたら払いのけてきた。毅然《きぜん》としていたかったのだろう。ずいぶんかかって、やっと手をつなげるようになったのだが、嬉しくはなかった。奇妙な気分だった。

ケアマネージャーが、

「お母さまがちゃんとおむつをはいているかどうか、確かめたければスカートの上から触ればいいじゃない」

とてもそんな、恐れ多い。この感覚は何と説明すればいいのかしら。母は私にとって、父でもあり兄でもあり、恋人？　でもあり……。とても大きな存在で、簡単に触ったりできるような人ではないのだ。

この三年間の、長い長い日常。母は何度も私に、ありがとうといってくれた。私ともっと長く一緒にいたいと思う時、母はパジャマのズボンの片方に両方の足を突っ込んでみたりする。私が、

「何してんのよ」

と叱っても、ウフフと笑いながら、また二本の足を入れて、私にちょっかいを出す。そして、

「ありがとう」

なのだ。一日に何十遍も聞かされるから、

「ママ、ありがとうはいいからチップください」

というと、ウフッといって聞こえないふりをする。

夜眠る時は、寂しいのか、ベッドで自分の横をチョンチョンとたたく。そばで寝て欲しいの？　と聞くとソッと体をずらす。母は三十六キログラム、私四十キログラム。ひとつのベッドで充分寝られる。

母は寂しかったんだろうな。ふと、天井が涙でゆがむ。今では母は、私の手をそっと握ってくる。寝るまで私にいて欲しいらしい。

小さい時は、私と母には寝る前に儀式があった。

母が私の手を握ってくれる。母はその後も仕事があって忙しい。私が寝たのを確かめて、息をひそめてそっと一本一本指を離す。私は気づいて、離すまいと全身の力で母の手を握る。一瞬でも長くそばにいて欲しかった。そして祖母に取られたくなかった。

今、母が私の手をそっと握ってくるのを感じると、

「ママ、ずっと一緒にいましょうね。施設には入れないからね」

と心でつぶやく。

母に渡した花束

おむつ替えや入浴の時に母の身体を傷つけないよう、ずっとキレイにしていたネイルをすっぱり切った。人前でマイクを握る仕事をする私にとってはネイルは戦闘態勢に入るスイッチのようなもの。化粧は自分では見えないが、爪が一番先に自分の眼に入る。二週間に一回、二時間はネイルサロンに行っていたのに。

ネイルを落とした私の爪の惨めったらしいこと。手が汚くならないよう、母はお皿洗いもさせなかったのに。女、終わったなー、とつくづく思う。勝負パンツを買わなくなった気分。

ネイルに手を抜くと化粧も面倒になり、美容院に行くのも間遠になって、鏡を見たらびっくり、「どこのおばあさん？」「鏡よ鏡よ鏡さん、世界で一番美しいのはダァレ？」あれは老けていく自分を奮い立たせていた魔法の言葉だったかも。介護する側も「たまには病院より美容院」ね。年をとると、手を抜けば抜くほど老けていきます。これ本当。老けた自分を見ては仕事の道を閉ざしてしまう。

母の病状が落ち着いてきた時、友達が私をランチに連れ出してくれた。仕事以外、直帰で母のもとへ帰っていたので、息抜きしなさいということだ。もちろん母には内緒。でもウキウキ気分が伝わったのだろう。出かけようとしたら母が精一杯のお洒落をして椅子にちんまり座っている。

どこで見つけたのだろう、ジャラジャラお数珠のようなネックレスまでして。「サァ、私もお出かけ。モチロントモ子ちゃんと一緒」ニコニコうれしそうな母を見て「ママは行けないのよ」などといえやしない。可哀想で不憫《ふびん》で、思わず「一緒に行きましょうね」といいたくなる。友達は母親連れの私では困るだろう。ベショベショ泣く私をマーちゃんが文字通り蹴り出してくれた。「行ってきな。お姉ちゃまの面倒は私が見るから」頼もしい。

母のお洒落さんは筋金入りだ。白髪が増えてくると、ちょいちょいと髪を引っ張ってアッピールする。美容院に連れていけという合図である。

母の趣味はショッピングだった。今は自分で行けないので、通販の雑誌を見ている。ページの端があちこち折ってある。これを買えということだとわかっていても、あまりに度々なので放っておいた。

ついにたまりかねた母は雑誌を持って私のところにやってきた。

「欲しいの？」

母はコックリと頷く。

私は通販の商品は安いものだと思い込んでいたのだが、とんでもない。ゼロがひとつ違う、大変な高級品だ。いやいや、母はやっぱりお眼が高い。一番高い商品に眼をつけていた。はい、何とか買いました。

今年の春のコンサートに、母はこれを着ていた。似合っていてとてもきれいだ。ただ正直なところ、私の舞台衣装代より高かった。

母の化粧品も高級品ばかりだったが、友人が、

「ビンだけ同じにして、中身を取り替えちゃえば？」

悪魔のささやきだ。化粧水、化粧下地、ナイトクリーム、中身だけ全部安ものに取り替えた。するとすぐに、

「トモ子ちゃん、これなんか変！」

ああわかるのだ、やっぱり。

母が新しい、高級なお洋服を着てきてくれた春のコンサートの直前、母は救急車で病院へ搬送された。脱水症状と急性腸炎だった。それでも母は、

「どうしてもトモ子ちゃんの舞台を見たい」

といい張る。先生たちも母の願いをかなえようと、一生懸命になってくださった。

本番の前日に退院したが、女性、特に母はやれ美容院だのなんだの大変なのだ。あのお洋服を着るのに、山姥のような頭のままでは母が承知しない。退院直後、行きつけの美容院に連れ込んだ。

「ママ、きれいにしましょうね」

上・2015年、母94歳、まだまだ元気だった。

右・2013年撮影。

下・母の認知症発症直前に受けたインタビュー取材で。

上左・1955年、愛犬「ベンケイ」と自宅の庭で。
上右・1965年、愛犬「モキ」と。
下・2000年、愛犬「アドロ」と。

2014年撮影。

といえば、母も多少の厄介は我慢してくれる。

舞台に立つ者にとって、初日の前日というのは特別な日だ。本来なら自分以外のことに構っている暇はないのだが……。私もずいぶん大人になったものだ。

そういえばこの入院時、担当のお医者さまが最初からとても温かく接してくださってい た。よく聞くと何とこの先生、私がアフリカでライオンとヒョウに襲われた三十三年前に、帰国して入院した時の担当医のなかで、一番若い先生だったのだ。どこでご縁があるものやら。もしあの時、私が四十歳で死んでいたら、母は九十八歳のこの年まで頑張れたかしら……。

今年の春のコンサートでは、母はいつもの席に美容師さん、マーちゃん、運転手さんと並んで静かに座っていた。ショーの終わりが近づき、私は会場のお客様と一緒に歌うために舞台を降りた。春の歌メドレーだ。「春の小川」、「花」、母の好きな「早春賦」、などなど。照れ屋の私は、これまでは母の前は素通りしていた。でも母が客席に来てくれるのは、もしかしたら今回が最後になるかもしれない、と思った。

勇気を奮って母の席に行く。母は嬉しそうにスクリーンに映し出された歌詞を見て歌っていた。すっかり、お客さまのひとりになっていた。少し前までは、バックステージで指揮をとっていた母が……。

マイクを向けるときれいな声で歌ってくれた。昔なら手を振って拒否したはずなのに。デイサービスと間違えたのかしら？

客席のお客さまが、私にピンクのバラのブーケを手渡してくださった。私は母の席に戻り、ブーケを渡した。その時の母の顔ったら。

「本当にこれ、私に？　いいの？」

母の顔は輝いていた。私から母に、初めて渡した花束。ご褒美をもらった子どものように何度も抱きしめていた。会場から母へ、大きな拍手が湧きあがった。

私の心の中に残しておきたい大切な光景だった。母が覚えていてくれますように。

老々介護、まあいいか

昔、母から『少女パレアナ』という本をもらったことがある。アメリカの作家、エレナ・ポーターの作品で、村岡花子さんが訳していた。

パレアナは孤児院で育った女の子だ。慰問袋の中からいつもお人形が出てくるのを願っていた。でも出てきたのは松葉杖。それからパレアナの遊びが始まる。彼女が考え出したのは「喜びの遊び」で、どんなことの中にも喜びを見つけなければならない、というゲームだ。

お人形の代わりに松葉杖……。どうやって喜びを見つけたらいいのだろう。でもお題が難しければ難しいほど、遊びは冴えるのだ。そしてパレアナは、ついに難題を克服する。

小さい時から私も、こんな遊びに慣れていた。芸能界は過酷な世界、無茶なことも理不尽なこともまかり通ることがある。それをグッと飲みこみニッコリ笑う。大人の世界で生き抜くため、松葉杖を人形に変えるようなゲームを、私もずっとやってきた。

でもライオン、そして立て続けにヒョウに噛まれて瀕死の重傷を負ったあの時ばかりは、当然のことながら喜びを見つけるのは難しかった。あっ！　そういえば誰かにいったっけ。あとであのヒョウを毛皮のコートにして送ってね、って。誰も笑わなかったけれど。

母の介護についても考えてみる。もしも母が九十五歳で病気にならず、凛《りん》とした姿の、私にとって完璧な母のまま最期を迎えていたとしたら、逆に私はショックで立ち直れなかったかもしれない。母に守られ続けたまま、何の恩返しもできなかったということになっていたら……。

今、母は九十八歳、私七十三歳。この頃流行りの「老老介護」だ。手際は悪いけれど、愛情はたっぷりこもっている……はず。私は少し、親孝行できた気分になっている。


私が介護一年生の時、オタオタしているとケアマネージャーに一喝された。

「あなたのは介護の〝カ〟の字にもなっていません」

七十過ぎて初めての家事をするのだから、……その通りです。自慢じゃないがお湯を沸かしたこともない。あの火を吹いて怒っていた祖母も、私に家事をやれと命じたことはなかった。四歳から一家の働き手だったのだから。

なんとか頑張ろうとしたとたん、母の台所のガスは全て止められていた。昔から出入りの業者さんと母は相談していたのだろう。

私のキッチンの電子調理器は、母がいじりまわしてヤカンを空焚きしてしまったので、これも止める。今の私が使えるのは、電子レンジとホットプレート。温めるか解凍するかだけの、お手軽クッキングしかできない。というか、そもそも私は料理ができない。かの食通、魯山人ならどうしただろう。お料理上手の奥さまに先立たれた、ぐうたらな亭主さながらである。でもおかげでこの頃は、冷凍食品もなかなか美味しいのだということを学んだ。

「ママ、今日は私が作ったんじゃないから美味しいわよ」

「あらそう」

と母も嬉しそうだ。母もやっぱり娘の作るものには危険を感じているらしい。

いつだったかそうめんを茹でた。母には短く切らなければならないのにそのままにしたら、口に入れたそうめんを吹き出してしまい、まるでシンガポールのマーライオン状態。そうめんの噴水だ。

今度は短く切り、ミョウガとオクラを刻んで薬味にして、そうめんつゆに入れたら母が、

「カライ!」。

あれ? よく読んだらつゆは三倍に薄めるんだって。そうめんの次はお赤飯。もっと柔らかく蒸せばよかったのに硬かったので、のどに詰まって呼吸困難。死にかかった。介護士さんを呼んだが間にあわず、来た時はおさまっていた。でもよっぽど苦しかったのでしょう。「死にそうだった、死にそうだった」とだいぶ怒られた。こんな調子だもの、ママ、この三年間よく死ななかったわね。

この三年間か……。

母は、自分でできたことがどんどんできなくなっていった。私が何か手伝おうとすると、

「やらないで！」

と叫ぶ。母は自分の身体に何が起こっているのかがわからないのだろう。心細くて心配でたまらないのだ。ましてや老いについて、どう考えているのだろう。

母は「老い」というものを自分の目で見ていない。聞くところによると、母の弟が死んだのは二十代の時だったそうだ。母の父は五十代で他界し、母の母、つまり私の祖母は六十七歳で、一日も寝付かずに亡くなった。シベリアで亡くなった私の父も、三十代だった。

身体に不調が出てきた時、周りにいたのは私の若いスタッフばかり。誰にも相談ができなかったのだろう。娘はといえば、娘というより男の子みたいで、

「何ソレ？」

というそっけない反応しかしないのだ。

母はいつも完璧な自分でいたかった。誰にも弱みを見せたくなかった。あの頃母の親しいお友達は、……もうみんないなくなっていた。母は自分の老いを見つめられないのだ。

もっと早く気づいてあげていたら……。

ケアマネージャーにそんなことを話しているうちに、私は泣いてしまった。人前で涙を見せたのは初めてだ。そうしたらだいぶたってから、ケアマネージャーが、

「トモ子さんの涙って、やっぱり他の人より粒が大きいんだ」

あなたの眼が小さいのよ。って、関係ないか。

バラエティ番組への出演

この頃は夜遅く、私の部屋をトントントンと三回叩く音がする。

二、三年前なら母が毎晩のように、

「さあ、お出かけよ」

「お葬式に行かなきゃ、もう車が待ってますよ」

と、ちぐはぐな姿で立ってノックしていた。でもこの頃はそんな騒ぎもすっかりなくなった。

トントントン。三日おきくらい。最初は風が吹いているのだと思ったが、考えてみれば風なんか廊下に吹くわけはない。私はかならずドアを開けて確かめる。誰もいない。

また三日もするとトントントン。母の部屋を見にいくと、ぐっすり眠っている。寝息も確かめる。

最近では風に代わって、

「トモ子」

と呼ぶ声がする。もう五、六回、声を聞いている。こちらは、

「ハーイ」

と答えてドアを開ける。誰もいない。

今、トモ子と呼んだのは誰かしら？　私も少し寝ぼけていて、男の声か、女の声かも判然としない。もしかしてお父さま？　俺の代わりにちゃんとママを見てくれよ、といっているのかしら。ハイハイ、夜中もちゃんと見にいってますよ。それとも、

「俺の奥さんをもう返してくれてもいい頃だろう？　待ちくたびれたよ」

ああ、そうかもしれない。

でもママは、私の冬のコンサートも見に行きますっていっていますよ。それから来年の

東京オリンピック、パラリンピックもね。パパ、もう少し、お待ちくださいませ。

母はこの頃、お手ふりに凝《こ》っている。雅子さまの美しいパレードを観たせいだろう。もうお腹いっぱいという時、私が食べさせていても、美しいお手ふり。愛想なしの私は「あっそう」と片付けるが、マーちゃんは「お姉ちゃま、お手ふりは駄目、誰も写真とらない。もっと食べて！」と口につっこんでいる。母も美しいお姿は、わかるのね。


私は「爆報！　THEフライデー」（TBS）という番組に出演した。何度も丁寧なるご依頼をいただいたのである。私はその番組をよく観ていたが、有名人の介護問題を取り上げても、本来はバラエティなので、要所要所に再現場面があり、俳優がその人になりかわって演じる。かなり派手めのものだ。

担当のYさんに、「母が亡くなってからなら覚悟できるかもしれないけど……今はとても」「実際に生きていらして、トモ子さんが今介護していらっしゃるところを視聴者は観たいのです」そりゃそうでしょうね。私は五度か六度か丁寧にお断りした。しかし相手も懲りずに丁寧にご依頼を寄越す。昔、宗教の勧誘をされたことを思い出してしまう。

親友の佐良直美さんから電話がかかってきた。「石井ふく子先生が出た方がいいとおっしゃってるわよ。貧乏たらしく映さないから。Yは、私の弟子だから安心してって」。石井先生にいわれて断れる芸能人が何人いるだろうか。承知しましたとも。

打ち合わせは念入りに三回。撮影も、母の体調を考えて三日間時間をとっていただいた。母を介護しているところ。私が料理？　をし食べさせるところ。庭の散歩。春のコンサートを母が観て、私から花束をもらいニッコリ微笑んでいるところ。それとは別に俳優さんたちが、母が暴れているところ、暴言を吐き包丁を取り出すシーンなど上手に演じてくださった。皆さま、ありがとうございました。Yさんたらこんなことをいっていた。「松島さん、本当に介護しているんですね」。え？　世の中には介護はしないで、するふりをしている人がいるの？

その後の反響もすごかった。NHKの7時のニュースの次に数字がよかったとのこと。民放では一番だ。アチコチから講演依頼が殺到した。あらためて皆さんが老々介護に悩んでいることを知る。

その中に私への結婚申し込みの手紙が、山とは言わないが小山ほどきた。達筆だからご年配なのだろう。あんなやさしい人（私のこと）に将来介護してもらいたい。お金持ち？　いえいえ当方年金暮らし、だって。実の母親だって時々嫌気がさすのに、見ず知らずのおじいさんの下の世話などまっぴらごめん。男ってつくづくバカだなー。

母を父に返す時

どこまでいっても親子の関係は難しい。ネグレクト、虐待、溺愛、ちょっとこじれるとこんなことにもなってしまう。私しか眼に入らない溺愛の母とは、どこかねじ曲がった親子だったけれど、ここまでなんとかやってきたのだ。概ね良好、良しとしなければ。完璧なる親子像なんてない。人それぞれなのだ。

かつて、母の息が止まっているように念じた私は、今では母に一日でも長く幸せに生きて欲しいと、本気で思っている。

平成二年、父親の眠っている場所探しの旅で、シベリア鉄道の帰りの列車の中で私は母に聞いた。「ママ、どうして再婚しなかったの？　私のため？」母はこういった。

「お父さまが出征なさる時にこうおっしゃったの。絶対生きて帰ってくる。生きて帰ってくるから待っていてくれ。そうおっしゃった。たったひとつのお約束ですもの、守ってあげなければ。だって私はお父さまに何もしてあげられなかった」。なんだ。私のためじゃなかった。もう少し早くいってくれれば、私の心の重荷も解けていたかも。

でも負け戦とわかっている戦いに出かける時、父はなんでそんな過酷なことをいったのか。また母はなぜ、愚直にまでその約束を守り通したのか。母と父が一緒に暮らしたのはたった半年あまりじゃないか、たったの……。父に怒りを覚えた。

でも今の私はこう思う。そんな素敵な愛の言葉を聞けたのは、幸福だったのではないだろうか。命をかけた愛の言葉、母はその言葉を胸にいだき、父を待ち続けた。

母の生き方はいつもまっすぐだった。父を愛し、私を愛し。本望だったかもしれない。

我が家では母が一番耳が良い。ピーンポン。私が帰ってくるのがわかる。マーちゃんが迎えに出る間、介護用ベッドに寝ている母は柵を乗り越えたのか、転がり落ち這《は》いずって私を迎えに出てくる。脛《すね》は血だらけだ。そんなに私を待っていてくれたのか……。涙があふれ可愛くて、抱きしめたくなる。母の頭の中には今や私しかない。

ケアマネージャーの提案で、母が引き揚げ船の中で私のために歌ってくれた子守唄を、

「今度はトモ子さんがベッドのそばで歌ってあげてください」

照れくさかったけど歌いましたよ。プロの私が、母の耳元で、無料で。そうしたら母はしっかりした声で、

「音程が悪い」

ですって。

私が母に対して申し訳なく思うのは、母自身の未来を奪ってしまったことだ。母の一生は「松島トモ子のお母さん」で終わってしまった。娘バカで恐縮だが、たぶん母は私より、ずっと才能があったと思う。

まだ母が正気だった時、母も本気でそう思っていた節がある。歌でも踊りでも芝居でも、本気でやれば自分の方が絶対上手だったと思い込んでいたようだ。何かの折に母がつぶやいた。

「あなたは下手ね。私なら軽くやれるのに」

ふーん。そうだったかもしれない。けれども、じゃあ見せて、といっても決してやらなかった。人前で芸を見せることを、母は心の底では下品だと思っていたのだろうか。

でもママ、あなたにチャンスがなくてよかったと思うわ。プロの道は厳しいのですヨ。

上手いだけではスターにはなれない。時代が味方してくれなければいけない。

さて、これからは母を父に返すまでの間、一瞬でも長く、幸せに……。ニコニコしながら最期を迎えてもらうのが、今の私の最大のミッションなのだ。

そんな偉そうなことをテレビ、ラジオ、雑誌でも私はいった。本当にそう思って、気負っていた。今は要介護4だが、これから要介護5になるだろう。母はますます衰えてくる。

その時私は母の死をひとりで見届けられるだろうか。初めての身近な人の死なのだ。

恐ろしい。

どうか、その日まで神様、私にお力を貸してクダサイ。

あとがき

平成三十年（二〇一八年）八月、「徹子の部屋」に出演した時、はじめて母のレビー小体型認知症の話をし、自宅介護のことを徹子さんに報告しました。大変な反響があり、「往年の名子役だった松島トモ子さんが、私たちと同じように介護している」「私ももう少し自宅介護をがんばります」などなど、たくさんのメール、手紙、電話をいただきました。

それを機に出版社の方々から本のお話をいただき、その中には『週刊文春』元編集長の花田紀凱さんからのお勧めもありました。花田さんは二十年ほど前に、私の『母と娘の旅路』を『週刊文春』に連載し、その後、単行本を出してくださいました。今は雑誌『月刊Ｈａｎａｄａ』の編集長です。

「古いよしみじゃないか。僕のところから出してよ」

「ハイ」

二つ返事でした。

でも、その後、私は母との三つの約束を思い出しました。
①免許の返納には口を出すな。自分で決めるから。
母は九十歳のちょっと手前で、自分で返しに行きました。
②自分のことを本に書かない。
『母と娘の旅路』を書き終えた時、花田さんが、「次は、お母さまのことですね」といったことを母は覚えていました。
③お葬式はちゃんとやること。
母は自分のお友達が、かき消えるようにいなくなったのがさみしかったのでしょう。
①と③は大丈夫。問題は②だ。母との約束を思い出したのです。思い出した時、私はもう書き出していた。少しでも家事から解放されたかったのでしょう。泣きながら、笑いながら書いていました。
②のことを考えるのはもっと後でいいか。いや、まあいいか！　の迷いです。でも結局書くことを選びました。私は書くことがこんなに好きだったかしらん？　楽しんで書き進めたのです。
ゲラの段階で、花田さんに「次はあとがきね」といわれ、あらためてガーン……。ショッ

クを受け、また迷いました。私のことは書くな、いや、もう書いちゃった……だったわね。でも、あの世がもしあるならば、いつか、どんなに叱られるかしら。その他もろもろ、いろいろ思案したけれど、結論を大ざっぱに述べれば……。

この本が今、介護している方、これからその労を取る方に、どれだけのお役に立てるのか、わからないけど、私の体験として、世の中に絶対出来ないということはないことをわかって欲しい、ということ。

話は飛ぶけれど、私がまだ若かったころ、全共闘世代のおじさんからいわれたことがある。つまり世間知らずの私がなにかの折に「絶対駄目ね」といったら、おいかぶせるように「世の中に絶対駄目というものはない……」といわれたのだ。なるほど。そのことが私の頭の中に焼きついていた。

私の友達、とくに近くにいる友達は皆いった。「トモ子には自宅介護なんか絶対できない。だってお湯だってわかしたことすらないじゃない」と。

でも見よ。私の雄々しきお姿を。おむつを持ち、洗濯ものを持って走る。夜通し母を見守る。

やればできるということだ。絶対できないことは世の中にない。介護は下手だけど愛情だけはこもってる。たくさんの方のお世話になり、そのお名前を書きだしたら何ページにもなってしまう。まとめてありがとうございます。これからもよろしく。

そして……書いた。書いてしまった。

私が、我が家を留守にすることは難しく、原稿は佐川急便で送っていた。花田さんはフットワーク軽く何回も自宅に来てくださいました。感謝、感謝。

でも母のことを書くように、強くしつこくいったのは花田さんです。

ママ、化けて出る時は、花田さんのところにね。

【著者略歴】

松島トモ子

1945年7月、旧満州（中国東北部）奉天に生まれる。翌年、母と共に日本に引き揚げるが、父はシベリア抑留のまま死亡。3歳から習っていたバレエがきっかけとなり、1950年『獅子の罠』で映画デビュー。以後、名子役として知られる。『鞍馬天狗』『丹下左膳』など80本の映画で主演を務め、日本コロムビアから歌手としてもデビュー、少女雑誌、レコード、ラジオ、テレビ、舞台に幅広く人気を博す。1964年、ニューヨークのザ・マスターズ・ハイスクールに留学、卒業後、マーサ・グラハムのダンス・スクールを経て帰国。舞台やテレビ、ラジオ、講演などで活躍。テレビレポーターとして世界の著名人との交流を深め、ライフワークの車椅子ダンスでは1998年に世界選手権で優勝。2020年には芸能生活70周年を迎える。春と秋の年2回、成城ホール（東京都世田谷区）で恒例のコンサートを開き、母・志奈枝さんも楽しみにしている。著書に『ニューヨークひとりぼっち　ミュージュカル留学記』（集英社）、『母と娘の旅路』（文藝春秋）、『車椅子でシャル・ウイ・ダンス』（海竜社）、『ホームレスさんこんにちは』（めるくまーる）などがある。

老老介護の幸せ　母と娘の最後の旅路

2019年12月21日　第1刷発行
2024年 6 月15日　第2刷発行

著　者　松島トモ子

発行者　花田紀凱
発行所　株式会社　飛鳥新社
〒101-0003 東京都千代田区一ツ橋2-4-3　光文恒産ビル
電話（営業）03-3263-7770（編集）03-3263-7773
https://www.asukashinsha.co.jp

装　幀　芦澤泰偉
編集協力　瀬戸内みなみ
印刷・製本　中央精版印刷株式会社

ISBN978-4-86410-737-2